普通高等教育规划教材

Gonglu Yunshu Shuniu Guihua

公路运输枢纽规划

（研究生教材）

胡大伟　编著

郭晓汾　主审

人民交通出版社

内 容 提 要

本书系统地阐述了公路运输枢纽的分类、层次结构划分、规划步骤和内容、规划原则以及影响因素等一系列基本知识,介绍了规划资料调查和运输量预测分析方法、公路运输枢纽规划方法及方案评价方法、规划实施序列安排及社会经济评价方法等基本理论,同时对公路运输枢纽建设项目的可行性研究和规划实施后的评估也作了简要介绍。

本教材可作为交通运输类专业研究生或高年级本科生专业课教材,也可作为城市规划等相关专业的教学参考书,同时可供从事基础设施规划的工程技术人员参阅。

图书在版编目(CIP)数据

公路运输枢纽规划 / 胡大伟编著. —北京:人民交通出版社,2008.1
ISBN 978-7-114-06968-0

Ⅰ.公… Ⅱ.胡… Ⅲ.公路运输-交通枢纽-交通运输规划 Ⅳ.U492.1

中国版本图书馆 CIP 数据核字(2008)第 009142 号

书　　名:公路运输枢纽规划
著 作 者:胡大伟
责任编辑:戴慧莉
出版发行:人民交通出版社
地　　址:(100011)北京市朝阳区安定门外外馆斜街 3 号
网　　址:http://www.ccpress.com.cn
销售电话:(010)85285838,85285995
总 经 销:北京中交盛世书刊有限公司
经　　销:各地新华书店
印　　刷:三河市吉祥印务有限公司
开　　本:787×1092　1/16
印　　张:8.75
字　　数:221 千
版　　次:2008 年 3 月　第 1 版
印　　次:2008 年 3 月　第 1 次印刷
书　　号:ISBN 978-7-114-06968-0
印　　数:0001-3000 册
定　　价:18.00 元

前言 Qianyan

交通运输的便捷、高效是经济发展的基本前提。可以说,没有现代交通运输业的发展,就没有现代经济的繁荣。近20年来,我国经济在交通运输条件不断改善的支持下得到了快速、持续发展,其中公路运输的贡献功不可没。

然而我国交通运输发展总体上还存在着与经济发展总量和结构上均不适应的特征。扩大供给能力,优化系统结构,提高运输效率不仅是"十一五"期间的重大任务,也是我国交通运输适应经济全球化和全面建设小康社会的中长期战略措施。

交通运输系统,既是一个实体系统[由基础设施网络、运输工具装备、管理控制系统、运输对象(旅客、货物)及其承运主体等要素组成],又是一个动态关系系统,由运输供给与运输需求方之间的复杂关系构成。因此,交通运输系统可表达为一个多元素的集合。在交通运输系统的集合中,交通网(physical networks)包括交通线路(lines)、节点(nodes)及载运装备(vehicles)。其中,交通基础设施具有对运输装备及运行管理系统的前定性。交通基础设施网络及制度安排,决定了运输主体的选择机会。

公路运输枢纽就是在公路交通网络节点上形成的货物流、旅客流及客货信息流的转换中心。1992年,在公路、水路交通"三主一支持"长远发展规划的指导下,交通部组织编制了《全国公路主枢纽布局规划》,确定了全国45个公路主枢纽的布局方案。经过十几年的努力,我国公路运输枢纽建设取得了重要进展,有效地缓解了公路运输站场设施严重落后的状况,显著提升了公路运输服务能力和水平。

2004年,交通部制订和发布了《国家高速公路网规划》,力求进一步扩大公路运输的供给能力并优化其网络系统结构。为适应新时期公路交通发展的要求,加快与国家高速公路网以及与铁路、港口等其他运输方式的紧密衔接,交通部在《全国公路主枢纽布局规划》的基础上,于2007年发布了《国家公路运输枢纽布局规划》。该规划是对国家高速公路网规划的进一步完善,国家公路运输枢纽将与国家高速公路网共同构筑全国便捷、高效的公路快速运输网络。

随着上述规划的颁布实施,必将迎来我国公路运输枢纽建设的新高潮。为了适应这种发展趋势和教学需要，结合多年来长安大学和兄弟单位的研究成果，特编写了本教材。

全书共分10部分：绪论、公路运输枢纽规划概述、公路运输枢纽规划影响因素分析、资料调查及数据处理、需求预测、公路运输枢纽规划方法、公路运输枢纽规划方案评价、公路运输枢纽规划实施序列安排、公路运输枢纽规划社会经济评价及评估、公路运输枢纽站场工程可行性研究及附录。在附录中编入了交通部关于《公路运输枢纽总体规划编制办法》、《公路运输站场投资项目可行性研究报告编制办法》以及"国道主干线规划示意图"、"全国公路主枢纽布局示意图"、"国家高速公路网布局示意图"和"国家公路运输枢纽布局示意图"。

本教材由长安大学胡大伟教授编著，长安大学胡大伟编写绪论、第一章、第五章、第七章、第九章和附录；长安大学任军编写第八章；交通部科学研究院杨新征编写第三章；福州大学王金妹编写第六章；陕西工业职业技术学院徐丽蕊编写第四章；陕西交通职业技术学院张雪莉编写第二章。全书由长安大学博士生导师郭晓汾教授主审。

在本书编写过程中，交通部规划研究院、交通部公路科学研究院、交通部科学研究院、人民交通出版社等单位都给予了大力支持，在此表示衷心的感谢。

另外在教材的编写过程中，长安大学研究生崔亚雷、和毫涛、赵姣、黄小燕、郗建国等同学做了大量的实际工作，才使本书按时交稿；同时参考引用了国内外大量文献资料，对有关文献的作者谨此深表谢意。

由于公路运输枢纽规划理论还处于探索发展中，加之编者水平有限，疏漏之处，在所难免，敬请使用本书的师生以及各位专家、学者批评指正。编者必力纳高见，再版亦会更臻完善。

编　者

2007年11月于西安

目录 Mulu

绪论

交通运输是国民经济的基础设施，它在国民经济和社会发展中应处于先行的战略地位。因此，交通运输一直被我国列为国民经济发展的战略重点之一。

交通运输是整个国民经济的一个重要物质生产部门，它和其他经济部门不同，其本身并不直接生产新的产品，而是把货物和旅客从一个地点转移到另一个地点。它的生产过程是在流通过程中进行，与生产和消费紧密相连，在社会再生产过程中起着重要作用。几乎没有一个单位可以离开它，因为有了运输条件才能保证生产企业有节奏的生产，并可以为开发新的自然资源和劳动资源、促进地区生产发展和经济繁荣创造必需的条件。加之运输设施广泛的空间布局和建设投资大、建设周期长，更使其具有鲜明的公用性质和必须先行的特点。

公路运输在交通运输中占有及其重要的地位，是国民经济的基础性、服务性产业之一。公路运输的发展关系到国民经济社会发展的全局，客观上要求其与铁路、航空、水路等运输方式共同构筑布局协调、衔接顺畅、优势互补的现代综合交通运输体系，为社会和公众提供便捷、通畅、高效、安全的运输服务。

公路运输枢纽是公路运输系统中重要的组成部分，是公路运输基础设施之一。与一般的工程建设项目类似，其建设过程亦分规划、基建和生产运行三个阶段，如下表所示。

工程项目的三个阶段

规划阶段					建设阶段				生产阶段
机会研究（规划设想）	初步可行性研究（初步选择）	详细可行性研究（效益分析）	论证和审批（评价和决策）	谈判和签订合同	工程设计	施工设计	施工验收	试运行	

公路运输枢纽规划属于工程项目建设的前期工作阶段，程序是：按照制订的规划建设方案，在计划建设期之前开展相应的建设项目工程可行性研究工作，之后根据政府有关部门审批的工程可行性研究报告进行建设项目的工程设计、施工、验收、试运行等工作。由此可见，公路运输枢纽规划是公路运输枢纽建设项目的开创性工作，是对未来公路运输枢纽发展蓝图的宏观描述，公路运输效率的发挥在很大程度上取决于其枢纽规划的成败，因此公路运输枢纽规划工作非常重要。

第一章　公路运输枢纽规划概述

交通运输是国民经济的动脉，它把国民经济各个部门和各个地区连接起来，是人类社会生产活动和生活活动中一个不可缺少的方面。交通运输的发展一般都取决于国民经济的发展速度、发展规模以及国民经济对运输基础设施建设的投资能力，作为现代五种运输方式（铁路运输、水路运输、公路运输、航空运输和管道运输）之一的公路运输也是如此。

公路运输作为相对独立的一个系统，由固定设施、流量实体、控制系统、运输需求组成。

固定设施指公路网和运输枢纽站；流量实体指车辆；控制系统指道路标志、标线、信号控制、运行规章制度；运输需求指人或物的空间位移活动和交流。可见公路运输枢纽是公路运输系统中的重要组成部分之一。

第一节　公路运输枢纽及其类型

一、运输枢纽及其分类

枢纽有广义和狭义之分。广义是指事物的重要环节，即事物相互联系的中心环节。狭义是指某事物领域交汇中心，如神经枢纽、水利枢纽、交通枢纽、运输枢纽等。

运输网络一般是由路段、节点以及加载于路段、节点上的流量所组成。有流量活动（流入、流出、交换）的节点，称为运输枢纽。从运输服务角度看，运输枢纽是办理旅客、货物和运载工具等到达、中转、发送及相关处理作业所需要的多种运输设施、装备和管理服务的综合体，其实体形式表现为客货运站场、港口和航空港等，其主要功能是组织客流、货流、车流的集散和中转，并提供相应的信息、作业和服务。运输枢纽按照不同的属性可划分为不同的类型。

1．按枢纽功能特征分类

（1）单式运输枢纽。

单式运输枢纽指服务于同一种运输方式的运输枢纽，如公路运输枢纽、铁路运输枢纽等。

（2）复式运输枢纽。

复式运输枢纽指服务于两种或两种以上运输方式，以最大限度地提高客货运输总效率为目的的运输枢纽，如铁路—公路复式运输枢纽，公路—水路复式运输枢纽等。其目标有两个方面：一是，在具体的起终点之间的运输采用在服务水平上和费用上最佳的运输方式；二是，在中转站提供最便捷的换乘（或换装）和转运。

（3）中转运输枢纽。

中转运输枢纽指以中转或直通客货运输业务为主，地方运量比例较小的运输枢纽，如陕西省的宝鸡运输枢纽。

2．按枢纽布局特征分类

（1）终端式枢纽。

终端式枢纽指分布于陆上干线的尽端或陆地边缘处的运输枢纽，如连云港、厦门公路运输枢纽。

(2)伸长式枢纽。

伸长式枢纽指运输干线与枢纽站场空间分布从两端引入呈延长式布局的运输枢纽,如兰州公路运输枢纽。

(3)辐射式枢纽。

辐射式枢纽指运输干线与枢纽站场空间分布可以从各个方向引入的运输枢纽,如徐州、郑州公路运输枢纽。

(4)辐射环形枢纽。

辐射环形枢纽指运输干线与枢纽站场空间分布形态系由多条放射干线和将其连接起来的环线构成的运输枢纽,如北京、西安公路运输枢纽。

(5)辐射半环形枢纽。

辐射半环形枢纽指运输干线与枢纽站场空间分布于海、湖、河岸边,内陆方向有多条放射干线和将其连接起来的半环线构成的运输枢纽,如上海、广州公路运输枢纽。

二、公路运输枢纽

公路运输枢纽是运输枢纽的重要组成部分。从建设实体上看,它是进行公路客、货运输作业和综合服务的集中场所,包括有多个不同作业内容的公路客、货运站场、物流园区(中心)等。

公路运输枢纽的具体定义:在公路运输网节点上,依托城市所形成的能够提供运输组织、中转和装卸储运、中介代理、通信信息和辅助服务等基本功能的综合性基础设施,即公路运输枢纽。

公路运输枢纽是公路运输网络中旅客、货物产生空间位移的起点和终点,是公路运输行业直接为旅客、货主、运输经营者提供多种服务的场所,是设施齐全、设备配套、功能完善、客货车流信息灵通,联系各种运输方式,充分利用和发挥各种运输设施功能的集运、储、贸为一体的对公路客货运市场具有管理作用的运输服务设施体系,其实体表现为公路客、货运站场系统。

公路运输枢纽按层次可分为国家公路运输枢纽、地区(区域)性公路运输枢纽和集散性公路运输枢纽三个层次。

1. 国家公路运输枢纽

国家公路运输枢纽指在全国范围内根据各城市的地理位置、交通环境、人口数量、经济水平等条件,运用网络规划理论和多目标规划等方法确定的主要城市节点。

国家公路运输枢纽与国家高速公路网共同构成国家最高层次的公路运输基础设施网络。国家公路运输枢纽主要由提供与周边国家之间、区域之间、省际之间以及大中城市之间公路客货运输组织及相关服务的客货运输站场组成,主要承担大区域与大区域之间、省与省之间货物流动和人员交往所产生的运输需求。

2. 地区性公路运输枢纽

地区性公路运输枢纽主要提供一定区域内的公路客货运输服务,并对国家公路运输枢纽起辅助作用,但以地方业务为主,大区域之间的中转运输相对较少。

3. 集散性公路运输枢纽

集散性公路运输枢纽主要是对国家公路运输枢纽和区域(地区)性公路运输枢纽起集散作用。

三、公路运输站场

公路运输站场是构成公路运输枢纽的实体单元，是办理公路旅客或货物运输相关业务，进行客、货运输组织和作业，并提供相应服务的场所。公路运输站场根据服务对象不同分为客运站和货运站。

1. 公路客运站

公路客运站是专门为旅客(行包)的上、下车和车辆到、发提供作业和相应服务的场所，包括通用客运站和专业客运站。其主要任务是安全、迅速、有序地组织旅客运输，为旅客和车辆提供配套设施和相关服务。专业客运站一般又包括快速客运站、旅游客运站等。根据城市特点及旅客运输需求，专业客运站可单独设置，也可结合通用客运站建设。

2. 公路货运站

公路货运站是专门为货物的集散、中转、仓储、配送等提供作业以及相关服务的场所。随着现代物流的发展，公路货运站逐渐与现代物流相融合，其服务功能、作业内容和设置形式更加多样化、专业化，一般包括：综合货运站、零担货运站、危险品货运站、集装箱中转站、物流中心、配送中心、物流园区等。

第二节　公路运输枢纽层次结构及划分

一、公路运输枢纽层次结构分析

公路运输枢纽是构成公路运输系统的基本要素之一，是在公路运输网节点上依托于城市所形成的能够提供运输组织、运输服务、运输作业的综合性基础设施，其实体表现为公路客、货站场(或客、货运站场群)。其中，货运站除传统公路货运站外，还应表现为物流园区、物流中心等。

公路运输枢纽依据层次上的差异在公路运输网络中发挥的功能和作用是不同的，其区别主要取决于公路运输枢纽所在地区社会经济发展的需求，所依托城市的规模、地位、性质以及所连接公路的层次。也就是说，不同的公路运输枢纽，由于其应满足的社会经济的需求不同、所依托城市地位的不同、所连接公路层次的不同，它在整个公路运输系统中的功能和作用也不尽相同，客观上存在着层次上的差异。

从区域经济发展的需求看，各地区由于地理历史、自然条件、资源分布等差异，地区之间存在着很大的互补性。就我国全国范围而言，社会经济的发展使大区域与大区域之间、省与省之间产生了物资的流动和人员的交流，则要求具有国家性的公路运输枢纽能够高效率地组织和完成这种跨区域、跨省际间的客货运输；就省和自治区行政区域范围内而言，由于各地市之间存在着较强的社会经济联系，客观上要求这种省级公路运输枢纽组织这种地市与地市之间的客货运输。也就是说，公路运输枢纽依其所服务的对象的不同，而承担不同的任务、扮演不同的角色。承担跨大区域、跨省际公路客、货运输组织和运输作业的公路运输枢纽，在公路运输系统中具有较高的层次，发挥的作用也较大；而承担区域内公路客、货运输组织和运输作业的公路运输枢纽，在公路运输系统中则具有相对较低的层次，在公路运输中发挥的作用也相对较小。

从公路运输枢纽所依托的城市看，大多是一个地区的政治、经济和文化中心，每个城市都有自己的影响区域(腹地或集散区)，城市在其影响区域内起着核心的作用。由于城市的规模不同，影响范围和影响程度有差异。像省会城市、区域性中心城市影响的范围大，辐射力强，客货流量大，这种城市对全国的社会经济发展具有重要影响。与此相应，位于这些城市之中的公路运输枢纽辐射的范围相对也较大，所起的作用是全国性的。对地区性的中小城市，其辐射范围和影响力则相对较弱，客货流量也较少，主要是对本地区的社会经济发展产生影响，位于这些城市之中的公路运输枢纽所起的作用则是地区性的。

从公路运输枢纽所连接公路的层次看，我国公路按行政等级分为国道、省道、县道和乡道；按技术等级分高速公路、一级公路、二级公路、三级公路、四级公路。根据公路的这种界定，在国道交汇处或位于国道上的重要公路运输枢纽所起的作用主要是同国道一起，实现省际之间的运输联系；在省道交汇处的公路运输枢纽所起的作用主要是同省道一起，完成省内各地区之间的运输联系；在县乡公路交汇处的公路运输枢纽的作用主要是同县乡公路一起，完成县乡域内的运输活动。

二、公路运输枢纽层次结构划分

基于上述分析，根据不同公路运输枢纽的地位和作用，按行政等级可将公路运输枢纽分为国家级公路运输枢纽、省级公路运输枢纽和县乡级公路运输枢纽若干个层次，从而分别对应于国道、省道、县乡道路；同时按照各区域对公路运输枢纽规模和技术等级要求可划分成一级枢纽、二级枢纽等，从规模等级、技术参数等方面给予详实的技术分类。公路运输枢纽的层次划分见图1-1。

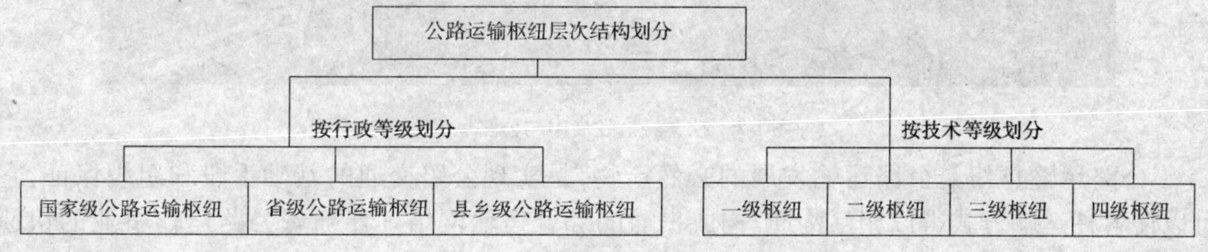

图1-1　公路运输枢纽层次划分

国家级公路运输枢纽、省级公路运输枢纽以及县乡级公路运输枢纽相互联系，共同构成一个层次分明、结构完善、分工明确的公路运输枢纽服务系统。国家级公路运输枢纽要充分发挥其作用，需要省级公路运输枢纽进行有效的集疏运组织；同样，省级公路运输枢纽要发挥其作用，也必须得到县乡级公路运输枢纽的有效支撑。但在另一方面，国家级公路运输枢纽、省级公路运输枢纽和县乡级公路运输枢纽分别在其服务的功能范围内能够独立地发挥作用。

以上这种结构层次划分和技术等级分类应是公路运输枢纽规划的前提技术条件。然而，由于我国目前还没有形成层次分明、功能明确的公路运输枢纽层次结构，地区之间、不同层次公路运输枢纽之间发展也不平衡，致使各层次公路运输枢纽之间以及与其他运输方式枢纽之间没能实现纵向和横向联网，已建成的一些公路运输枢纽，特别是货运枢纽，其作用、功能不能完全得到有效的发挥。

第三节　公路运输枢纽发展状况及趋势

一、我国公路运输枢纽发展现状及未来趋势

1. 我国公路运输枢纽发展现状

公路运输以其“门到门”、机动灵活等特点成为运输体系中最重要的运输方式之一。近年

来，公路运输完成的客、货运输量分别占整个交通运输总量的90%和75%左右。2006年全社会完成公路客运量186.05亿人、旅客周转量10 130.85亿人公里，分别比上年增加16.31亿人和838.76亿人公里。公路客运持续快速增长。2006年全社会完成公路客运量146.63亿吨、货运周转量9 754.25亿吨公里，分别比上年增加12.46亿吨和1 061.05亿吨公里。公路客运量、旅客周转量在综合运输体系中所占比重分别为72.1%和11.1%。2006年全国公路客运平均运距为54.5km，比上年减少0.3km；货运平均运距为66.5km，比上年提高1.7km。公路交通的基础性地位更加巩固（如图1-2），保障了经济社会持续快速发展。

图1-2　社会经济发展中的公路运输

公路运输枢纽是公路运输发展的必然产物，是实现公路交通的基础手段和组织保证，它可以使各种运输方式得以相互沟通，构成贯通的综合运输网络。伴随着公路运输事业的快速发展，作为公路运输体系中重要组成的公路运输枢纽，在综合运输系统的形成、运输效率的提高、运输市场的规范等方面发挥着重要的窗口作用。

“七五”末期，交通部提出了我国公路、水运“三主一支持”（即公路主骨架、水运主通道、港站主枢纽和交通支持保障系统）的长远发展战略构想，为该战略构想的实施，先后开展了一系列相应的规划研究工作。如“五纵七横”国道主干线规划，公路主枢纽规划等均成为“三主一支持”的重要组成部分。交通部于1992年编制全国公路主枢纽布局规划，包括宏观和微观两个层面：宏观层面是指全国性布局规划，即确定了北京、上海、天津、沈阳、武汉、郑州、广州、深圳等省会城市和部分交通枢纽型城市组成的45个公路主枢纽城市；微观层面是指主枢纽城市的总体布局规划，即主枢纽城市客、货运系统站场布局及信息服务系统规划。45个公路主枢纽共规划建设客运站328个，货运站340个，信息中心46个。至2004年底，已在全国大约建成1/2的客运站、1/3的信息中心、1/4的货运站。

进入“十五”以后，随着公路主枢纽所在城市的社会和经济环境不断发展变化，公路基础设施条件的不断改善和道路运输结构的逐步调整，公路主枢纽站场规划中布局选址、建设内容、建设规模、服务功能、运营方式、管理机制、实施进展等方面都有了新的变化，因此广州、沈阳、北京、成都、西安、宁波、青岛等主枢纽城市先后对原规划进行了修订。除公路主枢纽外，许多省（自治区）根据各自的实际情况，对本省（自治区）区域内公路运输枢纽进行了规划，在建设规划上给予引导，在资金上给予一定的扶持。

当前，我国已进入全面建设小康社会的新阶段，公路运输将面临新的跨越式发展，客观要求构建一个与之相适应的安全、高效、可持续的公路交通运输系统。2004 年交通部制订了《国家高速公路网规划》，为发展现代化的公路交通描绘了蓝图。随着公路尤其是高速公路建设的快速发展，作为公路运输系统中的重要组成部分的公路运输枢纽建设已明显滞后，已经成为公路运输发展中的“瓶颈”，是公认的公路运输系统中一个突出的薄弱环节。为改变这种局面，以适应未来小康社会和现代化建设对公路运输的需要，交通部于 2007 年发布了《国家公路运输枢纽规划》，这是继公路主枢纽布局规划之后的公路运输枢纽建设发展的又一个新的契机和里程碑。

20 余年来，我国经济体制从计划经济向社会主义市场经济转轨，国民经济持续快速发展，城市化水平明显提高。经济发展既为公路运输枢纽带来运输市场的强大需求，同时也对公路运输枢纽的经营提出了更多更高的要求；经济转轨打破了公路客、货站场建设和运营的传统模式，也为公路运输枢纽建设体制创新提供了更多的机会。

虽然我国公路运输枢纽的建设有了一定的发展，公路运输枢纽对客货运输生产发挥的作用也越来越大，但与发达国家相比，与国民经济发展对公路运输的要求相比还存在着较大差距，公路运输枢纽的数量、规模、功能等还不能很好地满足人们对运输枢纽的需求，具体表现在以下方面。

(1)建设进展缓慢。

公路交通“三主一支持”发展战略和配套专项规划实施以来，我国公路交通建设取得了巨大的成就，到 2007 年将全部建成“五纵七横”公路主骨架系统，比原规划提前了 13 年。比较而言，公路主枢纽建设则相对滞后，截至 2006 年只建设 30% 左右，公路运输枢纽基础设施建设严重滞后的局面与公路建设快速发展的形势极不协调，与我国交通运输发展和经济社会发展的需要也极不适应。造成公路运输枢纽建设发展相对滞后的原因是多方面的，其中主要有：各方面的重视不够(与公路建设相比而言)；政府投入的资金不足；建、运、管体制有一定的制约；城市规划不断调整，建设用地难于落实；建设发展方向模糊不明确等。

(2)建设质量不高。

公路运输枢纽建设进展缓慢的同时，建设质量不高的问题也十分突出。

客运方面主要体现在选址问题、功能问题和经营问题都没有得到很好地解决。在布局上，有的新站远离城区，旅客出行及换乘十分不便；有的立足于老站改造，加剧了市内交通拥挤的矛盾，“近城而不进城”的布局原则没有得到充分体现，市外交通与市内交通的矛盾依然存在。在功能上，不按上级批准的可行性研究操作，个别站场还在建设宾馆、饭店甚至在站房上面建住宅，功能重叠；站场广场小，绿地少，停车场面积不足，“小站大场”的功能理念还没有得到充分体现，新理念与老模式的矛盾依然存在。在经营上，有的新站没旅客、老站关不了；有的线路设计不合理，市场相互恶性竞争，抢客源，“黑车”屡禁不止，“统筹利益，科学管理，方便出行”的经营原则没有得到充分体现，效率与公平的矛盾依然存在。

货运方面主要体现在规划问题、功能问题和体制问题还没有得到很好地解决。在规划上，没有融入现代物流发展的总体规划，各行业、各部门以及大型企业各自为政，站场重复建设，土地浪费严重，经营效益低下，“统一规划、合理布局”的规划原则没有得到充分体现，有效供给与市场需求的矛盾十分突出。在功能上，多数货运站还停留在传统的公路运输站场功能，专业化不强，信息化不够，站场功能与市场需求脱节，有场无市、有市无场、货源黑市交易的现象还普遍存在，“以市场为导向”的功能理念还没有得到充分地体现，新理念与老模式的矛盾十分突出。在体制上，政府是否应该为企业建站进行投资或补贴还存在争论，政府在货运站场建设和运营管理方面"越位、错位、缺位"问题突出;有的站场交通运输条件不配套,政府建的站场交通条件好但没有市场,企业建的站场有市场但没有好的交通条件,同时由于部门分割还造成各种运输方式衔接不畅,土地征用困难等,都严重制约了货运站场的建设发展,新需求与旧体制的矛盾十分突出。

(3)建设规划亟待调整。

一方面,由于城市功能区划的改变、城市范围的扩大以及客货运输需求的变化,原先的公路运输枢纽布局规划在上述条件改变后已不能完全适应发展需求,需要调整;另一方面,随着公路运输枢纽服务内容的不断延伸,在布局规划中所界定的站场功能、规模等已不能适应需要。如客运站建设方面,城乡交通一体化、综合交通一体化、以人为本的"零距离换乘"理念对客运站建设布局、功能和运营管理都提出了更高的要求;货运站建设方面,为适应现代物流发展要求,货运站的布局、功能、规模所需土地以及运营和管理的新要求,也迫切要求调整原有枢纽规划。

此外,一些城市货运站场规划多头管理,公路运输枢纽规划与城市物流园区、物流中心规划各自为政,互不协调。

2. *我国公路运输枢纽发展面临形势及发展趋势*

(1)面临的形势。

国民经济持续快速增长和经济总量的不断扩大,引发公路运输需求的持续增长,迫切要求加快公路运输枢纽建设,提升公路运输总体服务水平和能力。

城市规模不断扩大,经济中心城市不断增多,有赖于公路运输枢纽提供交通保障,并形成互联互通,有机联系的枢纽网络。

工业化进程的加快,产业结构的升级和扩充,将促使货物运输规模和结构发生较大变化,进而刺激公路运输生产方式的变革,公路运输枢纽必将适应这种新的发展趋势要求。

我国逐步成为世界生产加工基地,要求公路运输枢纽承担起更大的责任,由传统运输突出的"运"向现代物流的全方位服务转变,通过降低物流成本,提升我国加工产品国际竞争力。

人民生活水平进一步提高,消费性出行迅速增加,要求客运枢纽既要体现公益性、公平性,还要提供多样性,个性化服务,如高速公路长途客运网络化、中途客运直达化、短途客运公交化、城乡客运一体化、客运枢纽实现"零换乘"。

区域经济合作与发展趋势日益增强,城市间的交通联系将更加紧密,公路运输枢纽必将依托高速公路提供快速、便捷、优质的快速客货运输服务。

可持续发展战略的实施,要求大力发展集约化、网络化、专业化的公路运输服务体系,通过公路运输枢纽建设推动和促进综合运输发展战略、公共交通发展战略和智能运输发展战略的实施。

(2)发展趋势。

根据我国公路运输发展需要,2004 年 12 月,国务院审议通过了交通部制订的《国家高速公路网规划》。为适应新时期公路交通发展的要求,加快与国家高速公路网相协调,与铁路、港口等其他运输方式紧密衔接,交通部在《全国公路主枢纽布局规划》的基础上,于 2007 年又制订并发布了《国家公路运输枢纽布局规划》。该规划是对公路运输系统基础设施规划的进一步完善,国家公路运输枢纽将与国家高速公路网共同构筑全国便捷、高效的公路快速运输网络。

随着《国家公路运输枢纽布局规划》的发布实施,作为公路运输系统重要组成部分的公路运输枢纽，其发展建设速度将进一步加快，这不仅体现在数量上的增加，而且将在质量上会有更大的提高，发展前景广阔。良好的运输枢纽设施将为运输组织、中转换乘换装、综合物流服务、通信信息、辅助服务等现代化、高质量管理等方面的改善和提高奠定基础。

根据我国公路运输发展的实际需要，并借鉴国外发展经验，我国公路运输枢纽建设以有效利用道路运输及土地资源为出发点，以公路运输枢纽规划为基础，将进一步完善其功能和网络构建，强化物流服务功能，尽快使智能交通运输系统、全球定位系统、移动通信系统、电子数据交换等技术得到有效运用，从而使公路运输枢纽布局合理化，组织形式集约化、网络化，运营管理现代化，服务优质化，技术自动化，实现“货畅其流，人便于行”，更好地满足社会经济发展和人民群众对运输服务设施的各种需求，促进社会经济的持续发展和快速提高。

(3)公路运输站场发展趋势。

①客运站场。

随着我国人口不断向城市集中，城镇化进程明显加快，城市规模不断扩大，经济中心城市不断增多，高等级客运站的数量将保持快速增长，省会和区域中心城市将出现更多超规模、高质量的大型客运枢纽站，地市级城市也将以一级客运站为主，县级城市则将以二级及其以上客运站为主。

随着我国人民生活水平的提高，客运枢纽站的规模和服务水平也将不断提高，社会公益性程度逐渐增强，安全管理和服务质量压力越来越大，尤其是节假日旅客输送任务剧增。

以公交、地铁、出租车以及与铁路、航空等运输方式一体化为特征的综合交通运输枢纽站，以满足旅游出行为主要目的的旅游专运客运站，以满足长途国际运输需求为主的长途汽车中转站等体现“以人为本”的高品质客运站，将日益得到全社会的关注和重视，也将是今后客运枢纽站规划建设的重点和亮点。

②货运站场。

随着经济全球化和一体化的发展，我国逐渐成为世界生产加工基地，经济持续快速增长，工业化进程加快，产业结构不断升级和扩充，货运枢纽站的货物种类逐渐向价值高的品种过渡转移。

工业和商业企业的发展战略与经营理念逐渐与国际接轨，寻求全方位的第三方物流服务是必然的发展趋势。货运枢纽站作为重要的物流基础设施，相应的仓储、配送、包装、流通加工、信息服务等物流功能将具有巨大的社会需求。

随着集装箱运输、综合运输与多式联运等先进的运输组织形式的迅速发展，运输对货运枢纽站的依附性将逐步提高，货运枢纽站功能将不断拓展，综合服务水平将不断提高，货运枢纽站规划建设将逐步转向理智和成熟，规划的科学性、合理性将逐步得到落实。

随着社会分工的不断细化，物流需求将更加多样性、广泛性，企业间的相互合作将会更加紧密，将各类物流节点集约化建设的大型货运枢纽站将得到快速发展，信息化、自动化、智能化水平将不断提高。

二、国外公路运输枢纽发展现状及未来趋势

1. 国外公路运输枢纽发展现状

发达国家公路货运枢纽产生于20世纪50年代，是商品经济飞速发展对公路运输提出的必然要求，如美国从1954年就开始在全国范围内建设运输枢纽。20世纪60年代，各国的货运中转站已经发展到一定的数量及规模，逐渐有集拼、分发、中转、仓储等综合性联运服务设施

出现;70 年代在原有的货运中转站进行改造或创新,使中转站具有现代化的设备,如现代化的运送、装卸设备和计算机管理系统;80 年代以后,国外发达国家的公路客运枢纽日趋完善,服务更加现代化,运输枢纽在整个综合运输系统中的地位日益重要。目前,在发达国家的综合运输网络中,宏观布局合理、规模适当、技术先进、功能齐全的运输枢纽,是整个运输网络高效运转的重要物质基础和前提。

(1)客运枢纽。

发达国家经济发展水平很高,受私人小轿车、高速发达的航空运输、人们的生活水平及消费理念等诸多因素影响,城际间公路交通中的公共旅客运输所占比例较小,服务对象的范围也很窄,所以公用型的公路客运站不是很发达,现有的公路客运车站一般为客运公司所有并独立经营,规模不大,主要为本企业服务。

但是发达国家的综合运输枢纽却非常发达,便捷、快速、安全的换乘方式,舒适、宽敞的候车环境,不同运输方式的换乘系统真正体现了"以人为本"的服务理念,很值得我国公路运输枢纽规划建设借鉴。

在发达国家,随着综合交通体系的发展,各种交通方式的多式联运、城市对外交通与城市内部交通、港站内各种运输设备的匹配与布置呈现立体化和整体性协调发展的趋势。交通换乘系统规划建设有以下发展特征:最短的换乘距离(包括换乘站的形态与空间组织、垂直与水平自动步行道的设置等);一目了然的诱导标识;舒适的换乘条件与充分的空间容量;安全保障与高品质的服务;各种运输方式的联运(包括票价、运行时刻表等)以及智能化趋势。

发达国家客运枢纽建设经验可归纳为以下几个方面。

①客运枢纽的大型化、综合化、现代化。其主要体现在重视交通结合部的综合交通换乘枢纽建设,将城市铁路、地铁、公共汽车和小汽车等交通方式连成一体,组成立体的综合交通网络(见图 1-3),主要目的是提高换乘效率,把交通方式作一盘棋式的安排,以形成顺畅、通达、换乘方便、高效运行的综合交通系统。

图 1-3　客运枢纽多功能大型化

英国伦敦的一些重要火车站和地铁站都是在同一建筑物内,而且车站就有公共汽车站或小汽车停车场。许多地铁站设置在人流相当集中的大厦底部,形成十分方便的换乘体系。这种换乘体系在城市中心或经济繁华地区为公共交通提供方便，保证市民乘车方便。

②客运枢纽服务综合化。其主要体现在现在新建的大型客运场站不仅为旅客提供了便利的出乘条件外，还提供了购物、娱乐厅等相关娱乐设施（如图1-4），为旅客提供更加综合的服务。例如，日本东京地铁的换乘中心就是几条地铁与干线铁路、市郊铁路的换乘中心，同时还将公共汽车站、出租汽车站、地下停车场以及商店、银行、地下商业街等布置在同一建筑物内，从而形成了具有良好功能的换乘枢纽。有的虽然不在同一建筑内，但是采用地下通道联系在一起，从而可以形成地下、地面和地上立体环城中心。

图1-4　客运服务综合化

③客运枢纽信息化建设。客运枢纽中公众信息服务系统建设比较完善，自动购票和检票系统、信息显示系统、信息自动查询系统等信息资源丰富，人们在出行过程中可以很好地享受信息服务。

(2)货运枢纽。

自20世纪50年代公路货运枢纽站出现以来，国外公路货运枢纽站的发展，大致经历了三个比较典型的阶段。

①以人工作业为主的发展阶段。

20世纪50年代，当时的公路货运枢纽站，无论是建筑面积，还是设备配置等，都难以满足货运换装、中转和管理的需要。到了20世纪60年代，公路货运枢纽站的典型建筑形式和设备配置基本形成，出现了具有进出货门、专用货物中转大厅等为特征的建筑结构形式，拥有分货、理货和业务办公等设备，并逐步发展了集拼、分发、存储等联运生产作业服务设施。在此阶段，公路货运枢纽站的作业设备配置只能满足部分繁重作业的需要，而相当一部分作业仍主要依靠人工进行。

②机械化作业发展阶段。

到了20世纪70年代，一些国家对原有的公路货运枢纽站进行改造、扩建，大量配置机械化的设备，包括机械化的叉车和起重机等装卸设备，半自动化的轨道或链条传送设备，机械化的包装设备以及标准化的托盘分装和集装设备等，公路货运枢纽站的中转、换装等作业基本上实现了机械化操作，大大提高了作业效率，明显降低了作业成本，并有效减轻了劳动强度。

③货运枢纽站向物流中心、物流园区发展，融入现代物流阶段。

20世纪80年代后，随着以计算机和通信技术为主的信息技术的迅猛发展，数据处理和传输的能力、速度、准确性和实时性空前提高，数据处理成本大大降低，由此刺激了工商企业纷纷采用"准时制生产"，"快速反应"，"自动补充库存"等战略，并同时在产品和服务质量管理中引进"零缺陷概念"。这种以时间观念和质量意识为基础的革命，迅速推动流通领域走向现代化，其主要体现在现代物流，尤其是第三方物流迅速建立和飞快发展。在第三方物流的发展中，交通运输业是一支强大的生力军。一些公路货运企业，紧紧抓住难得的发展机遇，依靠自身的优势，以货运枢纽站为基地开拓增值延伸服务，迅速转型为物流企业，从此，公路货运枢纽站融入现代物流发展阶段，公路货运枢纽发展为物流中心。

现代物流业务的大型公路货运枢纽站，除传统中转换装功能外，一般还具备仓储、包装、信息服务等功能，甚至开放卫生检疫、报关、银行、保险等综合业务。为提高枢纽站场地和设备的利用率，降低成本，适应用户的需要，在大型公路货运枢纽站附近，有的还敷设集装箱中转站等一些专用站，并建有配套的流通加工企业和其他相关的生产保障服务业等。公路货运枢纽站以及依托其建立的相关产业和服务机构，共同形成了具有经济和社会功能的社区——物流园区。

归纳起来，发达国家公路货运枢纽特征主要体现在以下几个方面。

①站随货定、综合运输。只要不违反土地使用规则和环保的要求，货运枢纽的设置一般由市场来确定，政府部门不予干预，站址的选定、规模的确定都是根据市场经济来设置，这样既能满足货运市场需求的要求，又能节约企业的运输成本，有利于促进货物运输的发展。图1-5为日本佐川急便公司在日本各区域的物流中心。

广岛SRC

京都SRC

神户SRC

大阪SRC

图1-5　日本佐川急便公司在日本各区域的物流中心

②分级设置,合理分工。在货运枢纽站规划设计时,根据其所在城市的重要程度以及货运枢纽站本身所辐射的范围设置不同的级别,枢纽城市的货运站负责更大范围货物运输,其下一级的货运站则为其提供货物集散。

③大作业区,小仓库。集装箱运量的规模大小,是一个国家和地区经济实力及开放程度的反映。国外发达国家集装箱货物运输在货运中占有很大的比例,为适应集装箱拼装、装卸需要,货运枢纽站场设置较大面积的作业区。

从发达国家货运枢纽发展历程来看,有以下几点经验启示:对货运枢纽的重要性认识充分,重视统筹规划;重视综合货运枢纽建设,充分利用各种交通资源;需求市场培育的较为充分,国家政策导向、部门协调十分到位;优惠的土地政策和政府投资政策,积极引导货运枢纽快速发展;提供良好的市政配套设施及投资环境。

2. 国外公路运输枢纽未来发展趋势

总的来说,国外的公路运输枢纽正向现代化、综合服务、专业化方向发展。现代化运输枢纽具有现代化的建筑结构、中转作业的大厅以及现代化的管理系统。特别是随着社会经济的发展和高新技术的不断开发和大量使用,很多高新技术成果都应用于公路运输枢纽规划、建设、管理等各个方面,主要体现在以下几个方面。

(1)大量的高新技术以及科学成果应用于公路运输枢纽的建设、运营和管理。例如计算机管理系统、货运站的条形码技术、EDI 技术、RFID 技术、货物追踪电子计算机系统,全球卫星定位系统、计算机最佳运输路径选择等,这些高新技术在运输枢纽规划建设和管理的应用,可以保证运输枢纽的高效率、低成本。

(2)不断完善公路运输枢纽规划、设计理论。发达国家从 20 世纪 50 年代就开始建设运输枢纽系统,经过几十年的摸索和探讨,在理论上已经基本形成了一套比较成熟的规划、设计理论,并不断进行修改完善。运输枢纽规划、建设方面尽量减少人为的因素,枢纽的布局规划主要是由市场的需求来决定,把方便旅客和提高服务水平放在第一位。

(3)十分注意运输枢纽与城市的协调发展。世界上不少工业发达国家十分重视城市,特别是作为政治、经济、文化中心的大城市的现代化运输枢纽的建设,趋向于建筑空间和交通空间相重合,形成高空、地面、地下三维空间的交通网络。同时,也很注意运输枢纽对周围环境的影响,例如,在运输枢纽规划过程中,通过先进的规划理论,减少因运输规划、建设而产生的交通阻塞、污染和噪声问题,同时也十分注意运输枢纽运营时对环境的影响,对周围居民日常生活的影响。

第四节　公路运输枢纽规划及其主要内容

一、公路运输枢纽规划概念

1. 规划

为实现既定目标,在一定资源约束条件下,较好地把握相关事物未来发展态势,由此作出若干可行方案,并进行优化选择以确定对未来的行为设想即为规划。

2. 公路运输枢纽规划

公路运输枢纽规划指根据规划区域社会经济发展对公路运输的需求,在土地资源、资金、公路及城市道路布局、客货源点分布特征等约束条件下,公路运输枢纽在规划区域内未来的空间分布与组合。根据规划期长短，可分为近期规划（3～5 年）、中期规划（5～10 年）和远期规划（10 年以上）。

公路运输枢纽规划包括宏观和微观两个层面，宏观规划是指全国范围内的枢纽节点城市布局规划；微观规划是指该枢纽节点城市的公路客货运站场空间布局规划。

由于公路运输枢纽必须在空间上依托于一个城市及其所在区域的公路交通网络，所以公路运输枢纽规划是在区域社会经济发展规划、城镇体系规划、城市总体规划及土地利用总体规划等上一层次规划基础上进行的专门规划。公路运输枢纽的规划和建设，将影响其所在区域的综合交通网络，改变其原有的平衡状态，是城市综合交通规划的重要组成部分。公路运输枢纽规划与其他规划的相互关系见图 1-6。

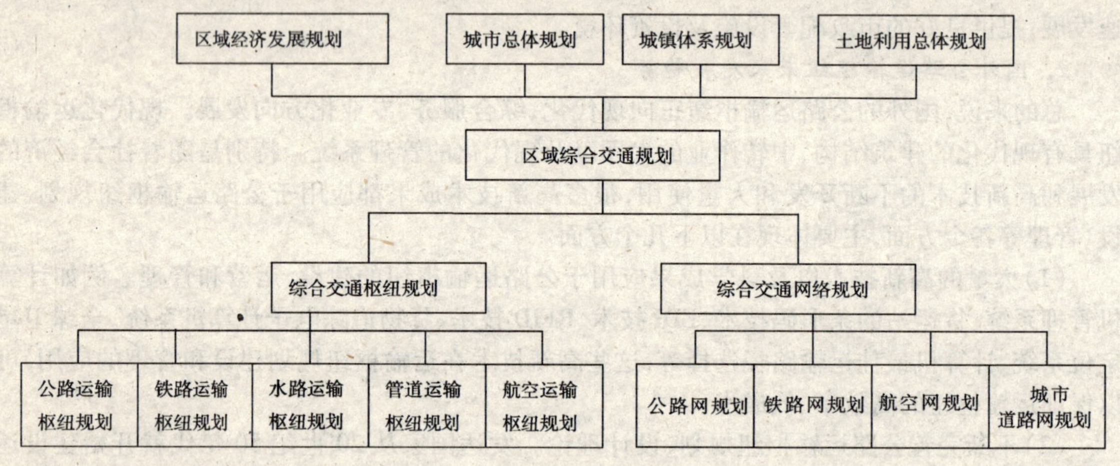

图 1-6　规划相互关系图

二、公路运输枢纽规划主要内容

公路运输枢纽规划属于公路运输枢纽建设项目前期工作阶段。公路运输枢纽规划在层次范围内分为：运输枢纽宏观布局规划、运输枢纽微观总体规划；在时间序列内可分为：远景规划、中期规划和近期规划。公路运输枢纽规划前期工作的文件系列，从项目建议书到设计任务书是随规划进程逐步产生的，其关系如图 1-7 所示。

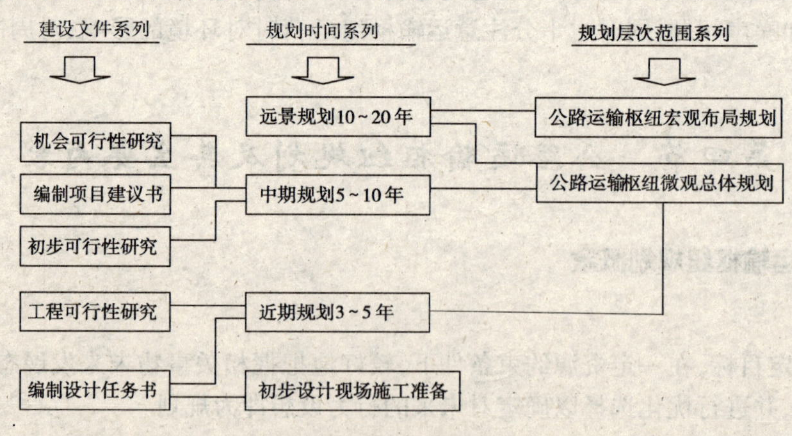

图 1-7　公路运输枢纽规划系列关系图

公路运输枢纽总体规划研究成果由两部分组成：一是公路运输枢纽（微观）总体规划；二是公路运输枢纽总体规划研究报告，包括客运枢纽总体规划研究报告和货运枢纽总体规划

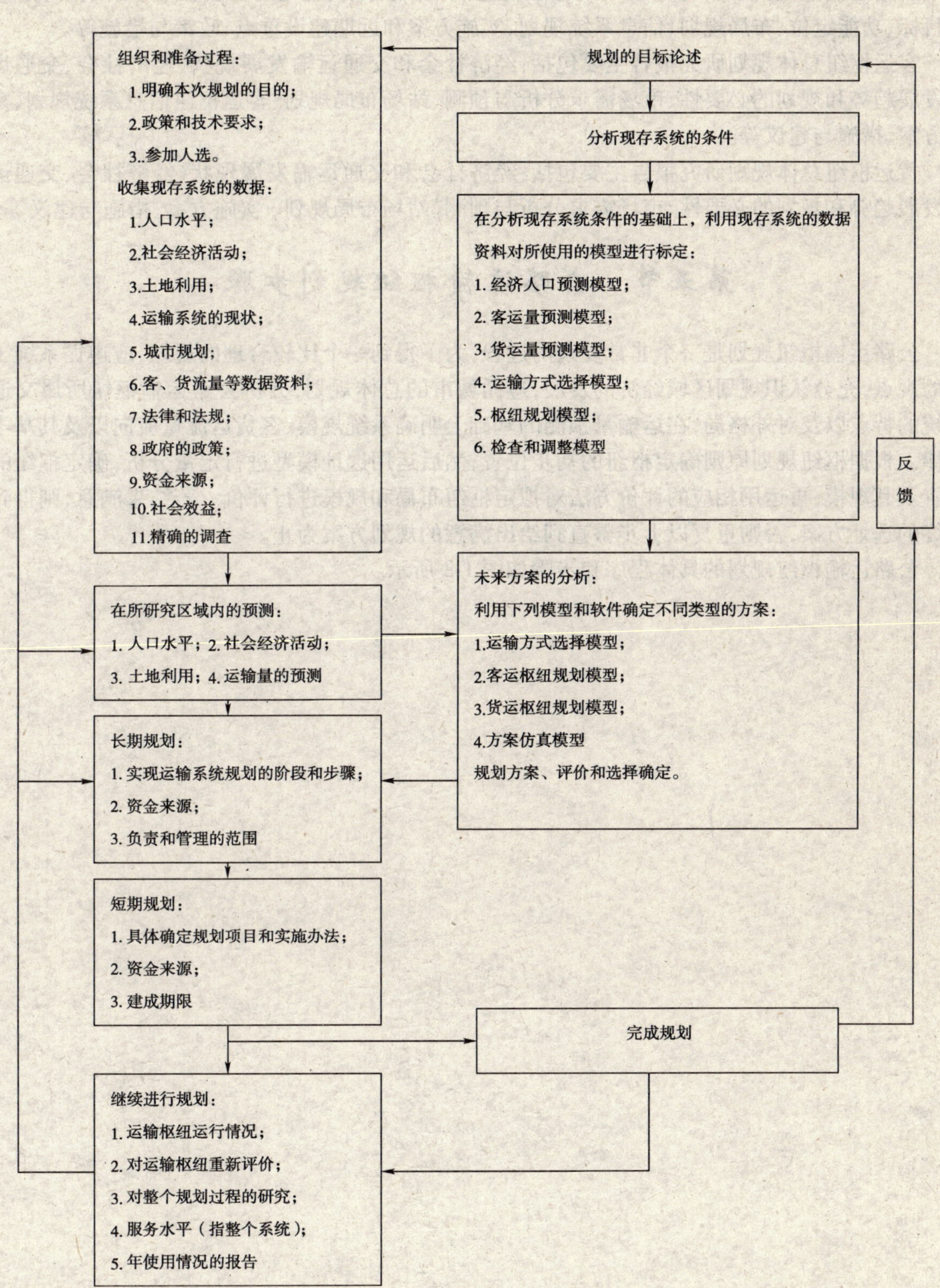

图 1-8　公路运输枢纽规划流程

研究报告。

公路运输枢纽(微观)总体规划内容主要包括:规划背景、规划的必要性、规划的指导思想和目标、功能定位、布局规划、信息系统规划、实施方案和近期建设重点、政策与措施等。

客运枢纽总体规划研究报告主要包括:经济社会和交通运输发展现状、经济社会、交通运输发展趋势和规划的必要性、市场需求分析与预测、站场布局规划、客运枢纽信息系统规划、实施方案、措施与建议等。

货运枢纽总体规划研究报告主要包括:经济社会和交通运输发展现状、经济社会、交通运输发展趋势和规划的必要性、市场需求分析与预测、站场布局规划、实施方案、措施与建议等。

第五节　公路运输枢纽规划步骤

公路运输枢纽规划是一个非常复杂的过程,为了得到一个比较合理的规划,应遵循系统工程的观点,充分认识规划区域经济的发展,遵循城市的总体规划,分析公路运输枢纽所属交通系统的特点以及对外格局,在运输量预测的基础上明确系统规模、客货运流量流向以及其基本规律。根据枢纽规划原则确定枢纽的初步位置,然后运用选址模型进行定量分析,确定枢纽的位置及其规模,再运用相应的评价方法对拟定枢纽布局和规模进行评价。若结果满意,则得到最终的选址方案,否则重复以上步骤直到给出满意的规划方案为止。

公路运输枢纽规划的具体程序和步骤如图 1-8 所示。

第二章　公路运输枢纽规划影响因素分析

第一节　经济发展及经济区域的影响

一、区域经济发展与交通运输发展的关系

区域经济发展与交通运输发展有密切的相互作用关系，见图 2-1。

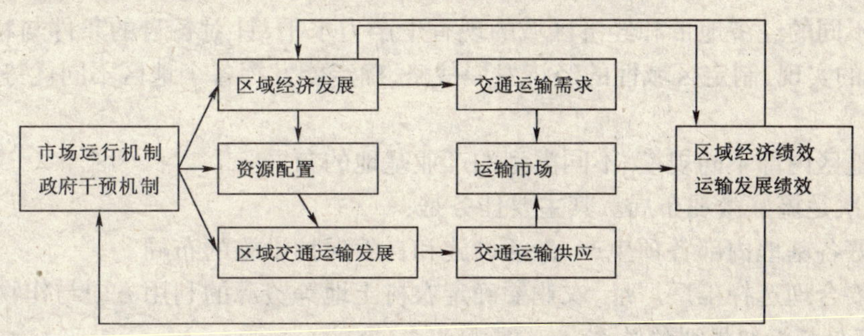

图 2-1　区域经济发展与交通运输发展的相互作用的关系

区域经济发展对交通运输的影响有以下几方面。

1. 经济开发需要交通运输发展的强有力支持

交通运输基础设施是促进区域经济沟通、经济能量辐射的载体，其方便程度将影响经济能量辐射的强弱，决定地区之间经济互动力的大小。因此，区域协调发展要求交通基础设施先行。如近几年我国西部大开发战略的实施将交通运输放在优先地位，充分体现了这种区域经济发展的思路。但是，随着西部地区产业布局的发展和规模开发局面的形成，在改善发展基础环境的交通运输方面还不能完全适应，必须按照经济发展的需要构建高效率和低成本的交通运输服务体系。

2. 经济持续快速发展需要运输系统全面升级与改造

需要构建以支撑区域中心城市为辐射源，以四通八达的交通网络为通路，实现向周边地区的点辐射以及公路干线的线辐射，形成一体化的经济发展局面，为劳动力流动、资源要素配置提供与经济紧密联系的交通运输服务与组织体系。如我国已形成沿京广运输通道、京沪通道等经济发展带状辐射源，以及珠江三角洲、长江三角洲及环渤海地区三大面状辐射源。因此，全面升级与改造辐射源内部的交通运输系统，是经济持续快速发展的必然要求。

二、生产力布局对公路运输枢纽规划的影响

公路运输枢纽布局规划要与规划区域内生产力布局相互适应。其一是枢纽站场布局要适应已有的生产力布局；其二是要考虑未来规划区域内生产力布局的变化，并满足经济发展和人民生活水平不断提高的目标要求。

1. 生产力布局的三个层次

任何区域都是国家总的多层次区域系统中的一个组成部分,它不是孤立的、可以自行其事的经济实体。一个区域的活动与它实施的政策都会在不同程度上影响其他区域,以全国、上级区域的有关决策作指导,又要照顾同级区域之间的关系,还要指导下级区域的发展。生产力布局关键在于抓住三个层次,解决好每一层次的几个中心问题。

第一个层次是要安排好国民经济的宏观布局。其主要任务是:

(1)正确划分经济地带和大经济区,正确选择每个时期的重点建设地区,处理好重点建设地区与非重点建设地区的关系,安排好不同时期重点建设地区的转移与衔接。如我国的经济特区建设,西部大开发,东北老工业基地振兴等。

(2)确定各产业部门的总体布局与轮廓方向。

(3)确定运输网络、电网系统的框架,大产业带的走向与发展。

第二个层次是安排好中观布局。其主要任务是:

(1)根据不同的经济地带和经济区域的现有生产力水平,针对各自的条件与特点,围绕经济建设总目标的实现,制定区域性的经济发展战略,确定能发挥各个地区不同优势的地区产业结构。

(2)确定地区内部不同规模、不同类型的产业基地的布局。

第三个层次是搞好微观布局。其主要任务是:

(1)安排好各基地内部各项生产、生活设施和自然保护设施的布局。

(2)建厂要合理选择工厂厂址,农业要确定农村土地等资源的利用方向与作物配置。

2. 产业布局与枢纽规划的关系

产业布局与枢纽规划有以下关系:

(1)产业布局规划是枢纽规划的基础和前提。

(2)产业结构决定了枢纽的性质和功能。

(3)枢纽规划建设会促使区域产业结构的发展。

(4)生产力布局与枢纽规划对自然条件(如气候、地质、水电气资源,交通条件等)要求有一定的共性。

第二节　城市规划影响

一、城市是区域经济活动的中心

现代城市是机器大工业的产物,世界各国的现代文明基本构筑在城市经济发展的基础之上。在现代交通网络的媒介下,城市群与城市带遍布经济发达地区。每个经济区都要有各种网络系统,包括交通网络系统、信息网络系统、商品流通系统、金融系统、各种经营管理系统,以便把它联结成为一个整体。在这些系统的布局中,必然会出现许多大大小小的结点,有的是某个系统中几条联系线路的交叉点,有的是多种网络系统中许多不同线路交汇的地点,正是在这些区域网络系统大大小小的结点上,就会出现有一定规模的人类的各种活动,如工商业、金融业、交通业、通信业、各种娱乐行业等活动,这些活动的聚集过程,便是城市的发展过程,也就是大大小小城市的产生过程。反过来,这些大大小小的城市可以凭借脉络贯通的多种网络系统把它周围的一片地区紧密地联系在一起,形成自己的腹地,加强其在自身的区域经济中的地位。由此可见，区域必须依靠城市地区的经济活动凝聚成一个整体，没有这样一个凝聚中心，区域经济就将成为一盘散沙，不可能在国家总体地域分工中单独承担一个方面的任务，这种区域也就不能成为名副其实的综合经济区。

根据经济学家迈尔达的理论，在城市化过程中，必然出现极化效应，且极化现象是支配城市发展与布局的主导形式。如某些地区一旦建立了较强大的工业基础，它的经济就会像滚雪球一样，越滚越大，以至于原有的城市规模很快就落后于发展的需要，从而加大了地区生产力分布与城市分布的不平衡。这是规模经济、聚集经济、乘数效应等联合作用的结果。

二、城市布局与公路运输枢纽布局的关系

1. 公路运输是组织社会生产的必要条件之一

任何一个生产部门为了取得连续性生产，获得较好的经济效益，都要连续不断地取得生产所需的一切投入。而生产的产品又必须及时运出，并进入市场，才能保证生产正常连续地进行。生产过程的这些重要环节，都必须通过交通运输，特别是公路运输这条纽带来完成，否则流通渠道便会发生堵塞。

公路运输是沟通工业与农业、城市与农村的最重要桥梁之一。加速人员、物资的流通，缩短商品的待运和在途时间，保证及时供应市场，减少资金占用，为商品的购销、调存提供方便条件，节约社会劳动消耗，公路运输是非常重要的手段之一。

2. 公路运输枢纽规划应与城市布局相适应

公路运输枢纽和其表现实体——公路运输站场是车辆和客货流的集散地和交接地。城市是区域经济活动的核心部分，城市化的进程与枢纽站场的发展是相辅相成、相互制约、相互适应的过程。因此，公路运输枢纽既要满足城市布局发展对公路运输的要求，同时也要促进地区城市的发展，特别是新的经济增长区域的发展。

第三节　人口分布影响

人口是客运形成的基本条件。当然，客运规模并不完全取决于人口的多少，它同商品经济的发展、交通区位、生活水平、城市化程度等其他因素也有很大关系。但人口数量是一个最基本的因素，特别是在温饱问题解决之后，其影响更为显著。此外，人既是消费者，又是生产者，从而也产生一定的货运量。人口数量及其年龄、职业结构和收入水平等特征，都将对交通运输的发展水平与结构产生明显影响。

城市是非农业人口为主体的居民点，第二、三产业发达，人口密度较大，同时它往往又是一定地域范围内政治、经济与文化的中心，因而它对交通运输的影响力也大于非城市地区。从交通网络上看，城市往往又是多条交通线路的交会处，是不同层次交通结点或枢纽所在地和运输线路的起讫点。

人们以生产者和消费者双重身份影响着各个地区的生产、分配、流通和消费等种种经济活动。人口是影响客货运量的最直接、最重要的因素。由于人口的流动以及人的各种社会工作、出差、旅游、探亲、社交活动等需要创造了巨大的客货运输需求，运输系统必然要不断地满足这种需要。一个地区随着人口的增长与实际收入的提高，商品流通与贸易的规模会相应扩大，需求结构也会日益复杂。区域商品市场的扩大，必然会导致以市场为指向的各种产业部门在区域内进一步发展与集中，反过来又促使商业网点与交通、通信系统在这里进一步发展与聚集，

形成产业聚集点。其结果是地区城市化加速进行，即地区人口与经济活动加速向城市集中，这一切都会积极地促进地区经济面貌的改变，创造出更多的客货运需求。

一、区域经济与人口

根据柯布·道格拉斯生产函数原理，劳动力的投入是区域经济产出的重要参数。人口是劳动力的源泉，地区劳动力供应状况是影响地区生产力发展与布局的一个重要条件。但在区域内，并非所有的人都能成为劳动力。只有那些有劳动能力，掌握了一定的生产技术，能和生产资料相结合，从事物质产品生产或提供某种劳务的人才能成为劳动力。人不仅是生产者，通过劳动为社会创造财富、创造价值，人又是一个消费者，消费的涨落直接影响着区域市场消费品需求量、流通状况和消费结构，影响到地区商业网点的经营类型与网点的布局，影响到地区经济的发展水平。

由此看来，各地区消费水平的不同，决定了消费需求的地域差别，需求的地域差别对地区经济的发展产生决定性的影响。尽管一个地区的全部人口都需要消费，但他们的有效消费需求是相差悬殊的。这是因为地区间工资水平的差别、地区间职工福利待遇的差别、地区产业结构的差别及地区间实际收入的差别。

因为地区间产业结构的不同，会造成地区间人均收入、消费水平、有效需求的差异，从而影响到地区消费结构与商品需求量。单凭一个地区人均收入水平的高低，并不能准确判断该地区居民对商品、劳务有效需求的大小以及他们的实际生活水平，还要取决于该地区生活费用的高低。只有实际收入差别才能促使劳动力地区间移动，从而也会影响到生产布局，均衡差则起不到这种作用。

除了各地区的消费需求差别对地区经济的发展起决定作用外，地区的劳动力数量和质量对地区经济的发展也起着积极的影响。而且还应看到，一个地区劳动力的资源能否形成发展优势，不仅取决于当地劳动力的多寡，也不完全取决于劳动力的质量优势，其主要取决于这两者的对比关系。因为大量廉价的劳动力不但不能构成地区优势而且还会成为地区发展的沉重负担。唯一切实可行的办法，是改善劳动者素质以提高地区劳动生产率，实现地区产业结构的高度化，这才是地区经济盛衰的关键。

二、人口与交通运输

随着改革开放政策的实施，城乡人民生活水平的提高，人们的出行需求增加，年人均出行次数大幅度提高。人口的膨胀和出行次数的增加加重了城市的交通压力。在城市和农村经济体制改革的推动下，城乡之间商品生产和流通发展较快，商品交换和人员流通日益频繁。据国外有关方面研究，人均国民生产总值达 1 000 美元时，国内旅游的人数日益增多；人均国民生产总值达 3 000 ~ 4 000 美元时，国际间的洲内旅游人数会增多。从目前看，我国国内的跨省、跨地区的旅游人数增长较快，客运任务日益繁重。

人口增长不仅对客运量影响较大，对货运量也有重大影响。人口的增多，相应的消费量增大。据国外经验，每人每年产生货运量，前苏联为 60t，日本为 44.7t，我国现阶段为 8.5t，其中公路为 6.0t。随着人口的增加和人均生活水平的提高，这一数值还将会有较大提高，所带来的货运量是可观的。

随着城市化和乡镇企业的发展，许多地区将调整生产力布局，出现人口向城市、自然条件优越地区、经济发达地区和新开发区及主要水陆交通线聚集。在城乡一体化中，城乡之间、乡村之间物流规模日益扩大。

农村剩余劳动力的转移将对交通运输产生重要影响。我国人口众多,其中农村人口占很大比重,人均耕地面积少。随着农村现代化的发展,农业劳动生产率的提高,农业所需劳动力将会大大减少,单靠这些耕地,显然容纳不下不断增长的农村劳动力,造成剩余劳动力日益增长,势必要进行劳动力的转移。农村剩余劳动力的转移,必将给交通运输,特别是公路运输带来客货运量的增加。

第四节　交通运输需求及战略影响

交通运输需求来源于社会经济活动。散布在不同地点的社会经济活动,在资源、产品、劳动力等方面的相互作用时,产生了对运输的需求。这种需求表现为对旅客和货物空间位移的需要。运输需求是用客货运量和客货周转量来表示的。交通运输需求量就是指在一定时期,一定社会经济结构下进行经济、社会活动所产生的客货运输量。但是,仅有运量和周转量还不能反映社会经济活动对运输需求的全貌,客货运输量只能反映需求量的大小,反映不出需求规格,因此要全面反映社会经济活动对运输的需求,除了运输量之外,还必须要有运输结构的要求。

运输需求来源于社会经济活动,不同的社会经济活动对运输的要求不一样。因此,社会经济活动的多样性和复杂性,决定了运输需求的复杂性和多样性。人类社会中,人们对衣、食、住的需求是由于社会的源需求而引起的。人们不是为了出行而出行,出行本身不是目的。人们利用交通工具出行,是为了参加他们在旅途终点的各种活动。运输需求是社会需求系统的一个元素。

在保持一定的交通运输需求的基础上,各种运输方式表现出来的市场供给份额并不均等,这与国家和地区的交通发展战略密切相关。交通运输在量和结构上的需求将影响公路运输枢纽的规模,在服务质量上的需求除要求基础设施、设备配置完善外,更大程度上要求实现"一体化运输",即综合性运输枢纽的规划建设。

公路运输发展战略是对经济和社会发展需要的直接体现。为此,在进行公路客货运枢纽布局规划时,应促使各种运输方式紧密结合,力争实现运输过程的"无缝化"。当然这需要铁路、交通、民航等各个部门共同合作,利用系统工程的观点,从战略的高度考虑,做出具有前瞻性的、综合性的枢纽规划,并按照规划付诸实施。

第五节　环境影响

一、环境的概念

环境,在不同的历史时期,由于生产力发展水平和社会文明程度的不同,人类对其需求及实现需求的方式和手段也不同。随着社会经济的发展和物质文明、精神文明的提高,人类对环境的质量要求也越来越高,环境的建设在人类生产实践中的地位和重要性日益突出。在现今社会,环境的内涵与外延更加丰富、充实,已经发展成为一个有机的综合体系。这个综合体系应该包括自然环境、人工环境和社会环境,形成一个多层次的由生态环境、生活环境、生产经营环境、投资环境和景观环境等各种"硬"环境、"软"环境所组成的环境体系。

环境的影响力是无形的，也是巨大、深远的。良好的环境，可以促进和推动社会与经济的发展；反之，将制约甚至阻碍社会与经济的发展。经济建设是一种创造性的活动，它既可以塑造良好的环境，也可能破坏良好的环境；工业布局不当，可能造成环境的污染和生态平衡的破坏；道路和枢纽布局不当，会造成交通的阻塞、环境的破坏；城市建设包括枢纽建设若缺乏统一规划将造成周围环境的不协调等。这些工程都是一种改造自然环境，塑造人工环境，并将其融为一体的环境工程，其优劣将影响子孙后代。

二、枢纽建设及运营对环境的影响

1. 汽车尾气

作为提高民族环保意识的一项措施，国务院环保委三届十次会议决定，从 1997 年 6 月开始，在直辖市、省会城市、经济特区城市、沿海开放城市和重点旅游城市分批进行空气质量周报。周报采取空气污染指数（API）形式分级表征空气质量情况和空气污染程度。根据我国空气污染特点，目前记入空气污染指数的污染物项目暂定为：二氧化硫、氮氧化物和悬浮颗粒物。根据污染程度，空气质量定为五级（表 2-1）。

空气质量等级　　表 2-1

API	空气质量级别	空气质量状况	对健康的影响
0 ~ 50	I	优	可正常活动
51 ~ 100	II	良	可正常活动
101 ~ 200	III	轻度污染	长期接触，易感人群症状有轻度加剧，健康人群出现刺激症状
201 ~ 300	IV	中度污染	一定时间接触后，心脏病和肺病患者症状显著加剧，运动耐受力降低，健康人群普遍出现症状
> 300	V	重度污染	健康人群除出现强烈症状，降低运动耐力外，长期接触会提前出现某些疾病

汽车对大气的排气污染主要是汽车发动机燃烧产物中的有害气体造成的。在各种有害成分中，CO、HC、NO_X 和微粒物是主要的污染物质。汽油机的 CO、HC、NO_X 均比柴油机大，因此目前的排气法规对汽油车主要限制 CO、HC、NO_X 的排放量，柴油机排除的微粒物要比汽油机大 30 ~ 80 倍，主要是炭烟、可溶性有机成分和硫酸盐，所以柴油车排放污染物主要检查炭烟的浓度。

我国大城市空气污染中，汽车排放分担率 CO 占 63%，HC 占 73%，NO_X 占 22%。北京市的汽车排放分担率分别是 63.4%、73.5% 和 46%；非采暖期这一分担率为 80.3%、79.1% 和 54.8%。因此，汽车对大气的污染已成为城市大气污染的主要污染源。

2. 交通噪声

交通噪声是城市噪声污染的重要来源。交通噪声强度与交通流量、交通工具种类和行驶情况有关，与城市道路规划布局、街道的宽度、坡度、路面光滑度以及绿化条件等因素也有关。《2005 年中国环境状况公报》指出，2005 年，在监测的 351 个市（县）中，城市道路交通噪声平均等效声级大于 70dB（A）的城市比例为 13.5%。根据我国 1980 年颁布的《工业企业噪声卫生标准》和 1993 年颁布的《城市区域环境噪声标准》规定，为了保证职工身体健康，对新、改、扩建企业要求从严，在车间和工作场所地点噪声标准为 85dB（A），对现有企业稍有放松，但不得超过 90dB。城市区域环境噪声标准规定，中国的工业集中区是 65dB 以下，二类居住、商业、工业混杂区是60dB以下，城市中的道路交通干线道路两侧区域是70dB以下。

随着公路运输的持续发展，车辆数目猛增，枢纽站是车辆较为集中的区域，交通污染越来越被居民所关注。城市噪声来源于交通噪声的比例猛增，许多国家调查结果表现，交通噪声已高达70%，已成为公害的首位。

3. 粉尘污染

货运枢纽站集散各种物资，有时散货装卸占的比重较大。其中，散发粉尘量大、面广的主要货种有：煤炭、散粮、散化肥、水泥、各种矿石、矿粉等，它们是运输枢纽站散发各种烟尘的主要来源。各种粉尘扩散的影响范围，与其粒径、堆高、大气稳定度、风速、风向、湿度、装卸工艺、车流量、采取防护与否等具体条件有关，也与南北方的地理条件有关。

总之，国民经济的持续发展，工业的快速进步，要依赖交通运输系统的支持。交通运输与国民经济的发展是相互制约的。运输工具既创造了巨大的客、货流，为国民经济发展创造了必要条件，但也带来了一定的环境污染。因此，如何有效地控制各种运输工具的发展对环境带来的危害，发展高速、安全、节能、无环境污染的新型运输方式，改善人类生存环境，解决环境与发展问题是人们面临的长期而艰巨的任务。

交通运输消耗大量能源，也运载大量的能源，如果能通过枢纽站的合理布局、配套，促进工业布局的合理化，就可以减少其无效运输和对流运输；就可以减少排放污染，减轻城市大气环境的负担，同时也可减少运输过程中由于运输损失造成的烟尘污染。

第三章　资料调查及数据处理

资料调查是进行市场需求预测的前提和基础，也是制定枢纽规划方案的依据。因此，资料调查是枢纽布局规划非常重要的环节之一。

第一节　调查步骤

资料调查一般分为准备、实施和总结三个阶段，从明确调查目的和指导思想开始，到最终获得有效的市场信息并写出调研报告为止，一般要经历以下几个步骤（图3-1）。

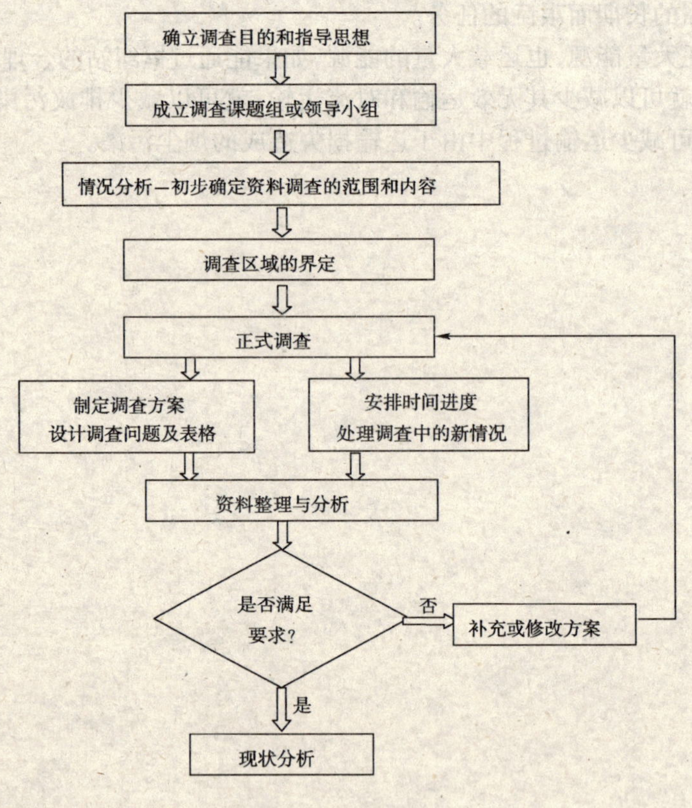

图3-1　资料调查步骤

一、明确调查的目的和指导思想

这一阶段是调查目标的识别阶段，即明确调查问题和调查目的的阶段。资料调查的第一步工作就是调查活动的组织者，在初步分析情况基础上明确调查目的，即回答为什么调查或经调查后应取得哪些资料等问题。明确了调查目的后，尚需确立凋查的指导思想。指导思想就是指导调查工作全过程的原则、准则，在调查的各阶段工作中都不应偏离指导思想。总之，本步骤既是某次调查活动的开始，又是检查调查结果的依据。

二、成立调查工作小组

为了使调查工作有计划、有组织地进行，必须成立调查小组或课题研究小组。组长应是懂得调查科学、熟悉调查内容、富有组织才能的专家。小组成员应是熟悉部分调查内容（某一具体问题）的人员，而参与调查工作的一般调查人员应富有工作热情、工作责任感和具有吃苦耐劳的精神。必要时，对以上工作人员应进行调查前的培训，不仅使他们能完成正常的调查任务，而且应会排除非正常情况下的种种障碍。当调查规模较大，涉及跨部门、跨行业时，还应成立由主要部门领导参加的领导小组，以保证调查活动能得到有关部门的配合与支持。

三、情况分析

在明确调查的目的和任务以后，在未正式开展调查之前，要充分利用枢纽规划研究小组的现有资料，确定资料、数据采集的范围，初步确定调查主要内容和调查方法等，避免收集资料面铺得过大，调查成本过高，尽可能节省费用和时间。资料、数据采集的范围原则上以公路运输枢纽所在地为主，而公路运输枢纽影响区域的相关资料则根据需要进行调查。规划区域范围内的资料力求完整、准确、系统、全面。

四、调查区域的界定

资料调查首先必须界定调查区域。对于综合性的、区域性的调查，调查区域应该包括整个行政管辖范围，如全省或全地区。对于城市枢纽规划而言，调查区域除包括城市建成区以外，还应该包括城市外围预期开发的部分。调查区域的外部界限称之为边界线。确定边界线时应该考虑调查的目的和调查所受到的约束，既要包容需要调查的整个地域，又要尽量减少数据收集的工作量。

调查区域的外部边界确定之后，有时还需要把调查区域划分成若干小区。小区的个数和大小没有严格的规定。小区的大小与调查目的，所要求的数据项目，调查区域的面积，人口密度以及所采用的模型方法有关。一般来说，调查小区应具有均匀一致的社会经济特征，并且在可能的条件下利用自然的、行政的、历史的边界。例如：在全省范围内，为规划区域性公路运输枢纽所进行的调查，可以选择地市作为调查小区；在城市调查中，高人口密度的市中心区，调查小区面积较小；城市外围人口密度低的地带，调查小区面积较大。值得考虑的一种方法是采纳人口普查的区划作为调查小区划分的依据。这样，调查小区有关人口、社会经济信息就可以利用已有的资料。

从运输枢纽为社会经济发展服务的角度考虑，调查小区以经济区域为边界似乎更合理。然而在实际调查过程中，这样划分小区不易取得数据资料。

五、正式调查

这阶段是资料调查全过程的核心阶段，也是最重要最复杂的阶段。在这一阶段，要收集到所需要的数据、资料。因此，要设计好正式的调查表格，确定好调查内容和调查方法，对调查人员应进行必要的培训。同时，要做好调查费用的估算和安排好时间进度计划等，以保证如期完成调查任务。

六、数据资料的整理加工分析

对调查资料取得的数据和资料，一般说来都要经过整理加工分析后，才能变成有用的资料，即成为有用的信息资源。整理加工的程序有以下几个步骤。

1. 资料分类

根据调查目的和要求，将资料分门别类。例如城市总体布局规划和统计年鉴分类等。

2. 资料编校

编校工作就是对已经筛选的资料进行核实和校订，以消除资料中的谬误和含糊不清的地方。例如消除调查资料中的人为差错，核实资料中数据不一致的地方。通过编校使资料清楚易读，编入分类表便于查找；其次使资料保持完整，尽可能保持记录原貌并确保资料的准确性。

3. 列表处理

将经过整理分类的资料作适当的统计处理后，进行列表，以便分析。

4. 调查资料的完整性

对整理出来的调查资料可对照前述的调查范围和内容逐次检查。若发现资料有缺陷或不符合要求，应重新组织有关人员进行二次调查，直到对调查资料满意为止。

5. 分析研究

对经过加工的数据，根据本次调查的目的和任务要求，进行分析、研究和数据加工处理，获取更深层的信息。

第二节　调查内容和方法

一、调查的主要内容

资料调查的主要内容应根据枢纽规划的性质和对象而定，如进行公路客运枢纽和货运枢纽布局规划时资料调查的主要内容应包括社会经济、城市发展、交通运输、现代物流等方面。

1. 社会经济

社会经济调查的主要内容有以下几个方面：

(1)规划范围内的人口、国内生产总值、居民消费水平、城镇居民家庭人均可支配收入、农民家庭人均纯收入等主要经济指标。

(2)规划范围内的工业产值、外贸进出口总额、主要产品产量、社会商品零售总额、主要投资方向等各项经济指标。

(3)规划范围内主要产业和产品结构的特点，加工业、商贸流通业、仓储业、物流业(包括物流企业、物流中心、物流园区)等分布情况。

(4)规划区域为社会经济发展宏观政策、中长期规划、城镇发展规划、城市总体规划、资源开发规划、物流发展规划以及其他有关行业发展规划等。

2. 交通运输

交通运输调查的主要内容有以下几个方面：

(1)规划区域内公路、铁路、水路、民航等运输方式历年运输量及周转量；货运量中货类主要构成，主要港口、铁路枢纽、航空港货物吞吐量，特别是集装箱吞吐量。

(2)规划区域内公路、铁路等各种运输方式路网构成基本资料，城市道路主要出入口及未来规划。

(3)公路客运的班线数量及长短途构成，普通班线及快速客运班线比重，区域内与跨区域班线比重等。

(4)规划区域内公路客货运输流向分布。

(5)公路集疏铁路、港口、航空港客货运量情况(包括数量、流向特点、货类构成等)。

(6)公路运输营运车辆的发展情况(包括数量、车型结构特点等)。

(7)交通运输发展规划(如公路运输发展规划、港口布局规划、铁路运输规划、航空运输发展规划等)。

(8)交通运输尤其是公路运输站场建设方面的法规政策。

(9)规划区域集装箱、多式联运、零担、快件、危险品等运输发展现状及趋势。

(10)货运代理业发展情况。

3. 运输站场

运输站场调查内容主要有以下几个方面:

(1)现有公路客货运站的地理位置、规模、运营情况、主要功能、适应状况等。

(2)港口、铁路、航空港等客货运站场的分布、规模、功能、适应状况等。

(3)城市公交枢纽站的分布、规模、功能、适应状况等。

(4)运输企业、货运代理商、物流企业、生产加工企业等典型企业对货运枢纽站的需求意愿(如服务功能、建设内容、站场位置、建设模式、信息服务等)。

4. 交通基础设施网络

交通基础设施网络调查主要内容有以下几个方面:

(1)规划区域内干线公路的发展情况。

(2)城市对外主要运输通道规划(包括公路、铁路等)。

(3)城市公共交通规划(包括城市主要干道、地铁、轻轨)、轨道交通主要站点设置等。

(4)规划区域航空站点建设规划及客货流集散方案。

5. 环境现状

环境现状调查主要内容有以下几个方面:

(1)地质、气象、水文资料。

(2)环境空气。

(3)环境噪声。

(4)环境保护目标(水源地、学校、医院、居民区等)。

二、调查形式和方法

根据资料调查的形式和方法的不同,资料调查有如下分类。

1. 根据调查内容的全面程度不同分类

(1)全面调查。这种调查的调查项目多,内容比较复杂,调查工作量大,数据处理任务繁重,调查费用也较高,调查历时较长。因此这类调查一般只适宜需要全面了解情况,编制总体发展规划时采用。

(2)单项调查。这类调查针对规划的某一环节进行,调查结果为解决某一方面的问题提供依据。通常情况下,如能采用单项调查便能满足需求时,就不要进行全面调查。

2. 按照调查的对象范围不同分类

(1)内部调查,即针对公路运输行业或企业内部而进行的调查。其目的是摸清“家底”,以弄清自己具备的各种有利因素及存在的各种问题,为改善内部管理、编制发展规划、制订经营战略服务。

(2)外部调查,即针对运输市场的运输需求,运输市场竞争、政府有关枢纽站投资建设方针和政策等各种因素而进行的调查。

3. 按照调查资料获取的途径分类

(1)直接调查,即对运输需求者、运输营运线路、运输作业现场等进行的调查。这种调查获得的资料称为第一手资料,其真实程度、详细程度较高。但这种调查投入多、费用高、时间长,一般在可以通过间接途径获取资料时尽量少采用大规模的直接调查。

(2)间接调查,即通过间接途径获取资料的调查。这种调查获取资料的途径一般包括:统计年鉴、新闻媒体、网络、图书及学术刊物,政府部门、研究团体、中介服务机构等。尽管间接调查获得的只是二手资料,但并不意味着其利用价值就一定低。相反,只要能区别调查资料真伪,这种调查因省力、省时、廉价、快速,相对直接调查而言,其优越性很大。

4. 按调查活动组织者不同分类

(1)行业调查,即交通运输主管部门组织的调查。其目的在于掌握较全面的情况及个别重点情况,以为加强宏观管理、引导、服务、规划和决策服务。

(2)企业调查,即公路运输经营者组织的调查。其目的在于发现新的经营机会,寻找已存在的问题,摸清市场竞争形势,评价自身地位等,以为企业的生存、发展和壮大而提供决策依据。

具体的调查方法很多,现代调查理论提供了多种调查方法,如图 3-2 所示。调查者应视具体调查任务选择使用其中一种或几种方法。其中抽样调查是经常采用的一种方法。

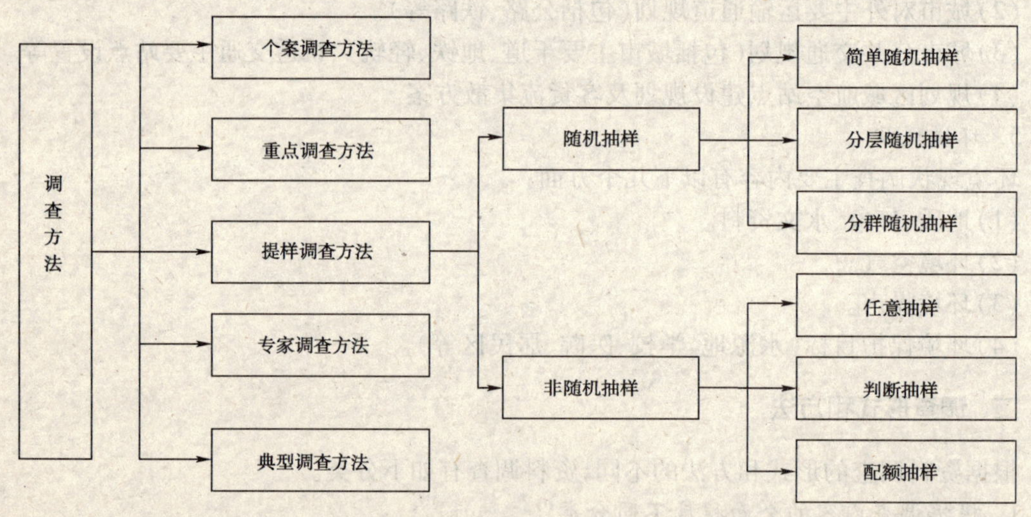

图 3-2 现代调查方法简图

综上所述,各种调查形式各有利弊,调查者应视调查需要而选择相应的调查形式。选择好调查形式固然重要,但选择好调查方法也是保证调查工作能否顺利展开和保证调查质量的重要因素。

第三节 样本选取和数据处理

在交通运输枢纽规划中,由于全面调查的工作量大、耗时长、费用高,通常采用抽样调查的方法。抽样调查是从总体中抽取样本对其调查,再由样本数据对总体目标量及其精度进行估计的过程。

一、样本的选取

1. 抽样调查

抽样方法可分为随机抽样和非随机抽样两大类。一是随机抽样，二是非随机抽样。随机抽样的根据是被抽查总体（抽查对象的全体）的每个个体被抽查到的可能性相等。只要将被查的对象被一一编号，然后采取摇奖机抽签即可。这样抽样，其优点是避免了人的主观因素，如感情、倾向、知识论断等影响，而且所得数据具有统计推断的功能，能估算出样本的代表性程度。而非随机抽样则不具备这样的功能，因而其代表性差。然而当抽查的总体过于庞大而且复杂，不适于随机抽样，就必须采用非随机抽样。进行抽样调查就涉及到样本的选取问题。

如随机抽样把要调查的人口作为样本集，在大多数调查中，样本单元可为单独的个人，也可采用家庭、居民组或其他实体作为样本单元。

简单随机抽样中，每个样本单元具有同等的被选中的机会。每个单元指定一个号码，然后按产生的随机数选定样本。简单随机抽样方法容易理解，除了被调查对象的完整清单之外，无须更多的数据。但是简单随机抽样方法选择样本后进行调查时不太方便，因为样本单元可能很分散。另外，这种方法比起利用更多的有关被调查对象信息的其他抽样方法精度要差。相同的样本量之下，其他抽样方法可以产生更好的期望值估计。

分层随机抽样需要首先把被调查对象分成互不重叠的样本单元组，称之为层，然后从每个层中进行简单随机抽样。如在枢纽规划调查中，以运输工具为样本单元时，通常采用座位（客车）、吨位（货车）、车辆属性等作为分层特征。由于每层内样本单元具有相近的特征，而各层之间又有较大的差别，所以采用分层随机抽样可以产生更精确的统计量。这种方法的缺点是样本量、均值和方差估计的计算更复杂。

分群抽样方法采用比较大的实体（如车队、公司）作为样本单元，单独的个体（如车辆）作为样本子单元。被抽样选中的车队或公司中的每个个体需要回答调查的问题。调查费用低是这种方法的主要优点，因为调查人员仅仅被派到少量的车队或公司而不是到分散在整个规划区域的实体中作调查。它的主要缺点是这些样本单元和子单元必须能方便地得到，否则就不可能采用分群抽样方法。另外，样本量、均值和方差估计计算也比较复杂。

非随机抽样是以任意方式从被调查对象中最容易接近的单元中进行抽样的方法。当随机抽样中的某一个步骤无法执行时，非随机抽样同样能够达到预期目标。例如：征求旅客对于客运站规划的意见时，可以采用询问从某个时刻起在客运站候车的前 100 个旅客的非随机抽样的办法。这种方法对调查的组织者非常方便，无须随机抽样。但是它无法用数学方法证明调查结果的有效性。抽样误差是未知的，所以无法从样本对总体作出估计。此外，还没有一个理论上合理的方法来确定抽样的样本量。应该提醒读者，应用随机抽样的分析方法处理非随机抽样的调查结果可能将产生误导。

2. 样本容量

枢纽资料调查中，如小区人们出行行为选择的有效性取决于样本容量。样本容量随着期望准确程度、置信度、数距变异性的增加而增加，准确程度定义了偏离实际值的误差。

当数据的变异事先未知时，它可从一个大样本中进行估计，例如我们的目标是使用数据来计算特定变量的均值，公式(3-1)可用来估计样本容样 n：

$$n = \left(\frac{sZ_{\alpha/2}}{e}\right)^2 \tag{3-1}$$

式中：s——总体方差或它的估计；

e——绝对误差；

$1-\alpha$——置信度。

对给定的显著水平 α，可有公式(3-2)：

$$\int_{-Z_{\alpha/2}}^{Z_{\alpha/2}} \frac{1}{\sqrt{2\pi}} e^{-\frac{v^2}{2}} dv = 1 - \alpha \tag{3-2}$$

确定 $Z_{\alpha/2}$ 的值，或直接查正态分布表可查得 $Z_{\alpha/2}$ 的值。通常称 $Z_{\alpha/2}$ 为临界值。

绝对误差可用相对误差和均值得估计函数表示。假如从最初样本里计算的均值为 25，期望相对误差是 10%，则绝对误差是 2.5，这个例子中，样本容量可按公式(3-3)计算。

$$n = \left(\frac{sZ_{\alpha/2}}{Ax}\right)^2 \tag{3-3}$$

式中：A——相对误差；

x——样本均值。

有时，对于一给定的置信度及精度，需要判断样本容量是否足够，在这种情况下，先按公式(3-4)计算可接受的方差 $S_{\alpha c}$。

$$S_{\alpha c} = \frac{en^{1/2}}{Z_{\alpha/2}} \tag{3-4}$$

同时计算实际方差，如果实际方差小于或等于可接受方差，则认为样本数据是足够的。

二、数据处理

通过实地调查，获得了大量来自不同渠道、不同类型的数据和资料。一旦数据来源确定了，下一步就是分析数据的充分性和准确性。

数据的充分性包括两点：数据完整性和样本容量。对于在研究的时间范围内没有丢失的数据就认为数据流是完整的，当一些数据特性丢失时就认为数据是不完整的。“数据特性”指的是数据的各个组成部分。例如，货物的日需求数据必须包括日期、货物的重量和体积。因为货物的密度根据产品不同而不同，所以单独的重量或单独的体积是不够的。样本容量指的是为了在分析中得到一个较理想的准确度而需要的数据点数量。

数据准确性指的是数据的可靠性。数据的准确性可通过扫描那些超出可接受范围的过大或过小的数值来证实，比较不同数据来源的同一数据也有助于证实数据的准确性。如果两个或多个相互依赖的数据要素值没关系，也表明数据不准确。这一点可以用下例说明。

例：某货运枢纽站三天的运输需求数据如表 3-1 所示。

货运枢纽站三天的运输需求数据 表 3-1

日　期	产　品	质　量	体　积
2005/09/01	1	200	15
2005/09/02	2	400	40
2005/09/03	1	300	15

很明显，9 月 1 号或 3 日的数据有问题，因为同一种产品 1，体积相同，质量却不同。这就表明其中某个数据不准确。

1. 异常数据审查

异常数据指的是非正常数据代表的数据点。例如,体积大而又很轻的货物偶然一次运输、某一特殊的高费率运输、在节日期间公路运输情况统计等都不能代表正常数据。如果计算平均装货密度,只要有一次体积大而又很轻的货物就会使密度下降,同样高费率的特种货物会使平均费率上升。可用两种简单方法进行审查异常数据,即百分数法和基于数值的方法。

百分数方法把在一定百分点之上或之下的数据删除,如所有密度低于5%或高于95%的数据点被认为是异常数据点而除去。这种方法的缺点是:虽然包含在10%的数据中可能不是异常数据,但也将被去除;基于数值的方法含义是低于或高于某一特定值的数据点将被去除,如密度小于0.11和高于30的数据点将被去除。这种方法需要指定截止数值。

2. 对丢失的或得不到的数据进行估计

在数据流中间丢失的数据可用插值法进行估计。线性插值是普遍采用的一种简单方法,例如,如果9月和11月需求值分别为200和240,10月份的需求可估计为220。有些数据流的函数形式需要非线性插值,这就需要运用非线性回归模型。

得不到的数据通常和未来信息有关,可用预测方法进行估计。

3. 测绘数据图表

将调查统计得到的有关数据根据需要绘制成有关图表,便于进行数据分析,以便找出事物发展的内在规律性。同时也为预测有关数据作好基础准备工作。

常用的图表有柱状图、饼图、曲线图等。利用电子表格处理软件(Microsoft Office Excel)能够较好地绘制有关图表并可作一些数据分析。

第四章 需求预测

第一节 预测概述

常言道："管理的关键在于决策，而决策的前提是预测"，这个原则具有很强的普适性，对任何管理工作都是适应的。枢纽未来需求预测是枢纽规划的前提，目的是为了提高枢纽规划布局的科学水平，避免枢纽规划决策的盲目性，提高枢纽布局决策的正确性。因此，需要通过公路运输未来需求预测来把握其发展态势和市场变化的有关动态，减少未来运输枢纽规划决策的不确定性，降低决策可能遇到的风险，使决策目标得以顺利实现。每一个预测的目的都是支持以预测为基础的决策。预测未来的需求，对枢纽规划者和决策者都十分重要。

一、预测意义

预测是大量采用观察、归纳、演绎、推理等方法并运用各类模型，探索客观事物变化的趋势。预测结果的准确与否是政府和管理部门决策人员能否做出正确、科学决策的重要依据。为了超前掌握某地区公路运输发展规律和特点，需要对该地区客运、货运未来运输量进行科学的预测，为该地区公路运输枢纽及线路规划提供基础数据，以克服和消除制订规划时的盲目性，提高各项规划在管理、控制、决策等方面的科学性、准确性和可操作性。

一般来说，对公路运输发展预测的过程，就是采用各种方法对现在的公路运输状况进行质和量的分析，并对其未来的发展趋势提出一般的假设和看法的过程。预测是在资料调查和分析的基础上，利用科学方法和手段，对预测对象未来状况作出判断，为枢纽布局规划提供准确的数据信息。

二、公路运输预测特点

如果人们能够完全正确地对未来运输发展进行准确预测，那么制定的有关规划就不会发生问题，但历史经验告诉我们要达到这样的境界几乎是不可能的。由于影响预测准确性的因素很多，而且在这众多因素中，有很多因素本身就很难定量把握。然而，从公路运输整体发展来看，其自身还是有一定的规律性。正如恩格斯所指出："在表面上是偶然性在起作用的地方，这种偶然性始终是受内部的隐蔽的规律支配的，而问题只在于发现这些规律。"

预测者可以做出有用的预测，但是这要以能够正确解释过去为前提。对某地区过去运输行为（运输量）的了解，有助于规划者预测该地区将来公路运输的发展特征，并对该发展变化做出适当的规划调整。运输需求不是在真空中产生，是受多种因素影响的。规划者只有处理好这些因素的现有价值和未来需求之间的关系，才能较准确地预测需求。

公路运输预测是枢纽规划中一个重要的组成部分，它的任务在于通过研究规划区域的人口、社会经济活动以及交通运输状况，推断出未来规划目标年的有关运输量。

公路运输预测有以下几个特点。

1. 连贯性

所谓连贯性就是说过去和现在将会持续至未来。它有两方面的含义:一是时间方面的连贯性;二是系统结构的连贯性。这两点是做预测的根据,前者是运用时间序列分析方法进行趋势外推的基本假设;后者是利用因果关系建立结构模型进行预测的主要依据。

2. 类推性

所谓类推性是指事物的结构和变化都有一定的模式,某些模式之间彼此有相似之处。交通运输发展过程中,各种运输方式、各地区公路运输发展可能各有自身的发展模式,但有些在发展规律上可能有些相似之处,有些事件可能是另一事件发展的征兆。

3. 相关性

在社会经济系统中,许多与运输量这个变量有关的因素之间存在着相关关系,有些变量是负相关,有些则是正相关。这些关系,常常在一定的模式中反映出其因果关系,在进行预测时,常常是通过这种相关关系,建立起预测模型。如经常采用的回归分析模型。

4. 概率性

所谓概率性是指任何事物的发展都有一定的必然性和偶然性,而在偶然性中隐藏着必然性。因此,公路运输预测者必须通过对事物发展偶然性的分析,揭露事物内部隐藏着的必然的规律性。从偶然中发现必然是有规律可循的,这个规律就是人们普遍应用的统计规律。概率性原则要求预测者对实际运输现象做出区间估计,并且认识到这种区间估计的上下界将随着时间的延长而越来越大。

在进行公路运输预测时还要注意以下几个方面:

第一,预测经常会出偏差,因此要包括预期量和对误差的测量。公路运输枢纽规划中必须考虑预测误差(或者需求的不确定性);

第二,长期预测通常没有短期预测精确;

第三,综合预测通常要比独立预测准确的多,因为综合预测相对均值的标准差较小。

此外,当预测需求时,预测者必须平衡主观和客观两方面因素。例如:西部某城市,在预测客运量时,需要考虑在西部大开发的大环境下,城市潜在旅游资源的开发、政府政策导向等客观因素,都是未来客运量的影响因素。适当地考虑人为因素,对提高预测精度或许有一定的帮助。

第二节　预测原理和步骤

一、预测原理

对公路运输量发展进行科学预测,必须以科学的资料调查和分析为前提,并选择适当的预测手段和手法,以保证运输量预测科学准确。

在预测公路运输量发展水平时,可选择多种预测方法,找出分别适合公路运输客运量、货运量、周转量、枢纽站作业量的预测方法,并对其进行相应的预测。而铁路、水路、民航运输量预测值可直接采用相关部门的预测规划值,并注意进行综合平衡。若铁路等部门缺乏有关规划值或其规划值明显存在不合理状况时,则需要对其作出专门的预测。

同理,有关规划区域国民经济主要指标预测尽量采用政府规划值,在一定条件下也可对其作专门预测。

公路客货运输量预测有两种预测思路，一是根据公路客货运输量发展趋势，采用相应预测模型单独预测；二是对交通运输总量进行预测，之后按公路运输量应占比重给出公路运输量预测值。这两种预测思路建议预测者同时采用，这样可以相互验证其准确性。在条件允许的情况下，每种思路又要采用多种方法、模型进行预测，将预测结果相互验证，提出预测的最终结果，以提高预测结果的可靠性和可信度。

公路客货运输枢纽站作业量及分方向作业量一般采用比例法估算。货运枢纽作业量还可采用货类分析方法在公路货运量预测值基础上进行估算，但无论哪种方法，从目前预测技术来看，对于中长期的运输量预测还都难以保证其预测准确性。

具体预测原理如图 4-1 所示。预测目标特征年以整数年份为宜，年份间隔以 5 年或 10 年为一个阶段，常与规划目标年份一致。

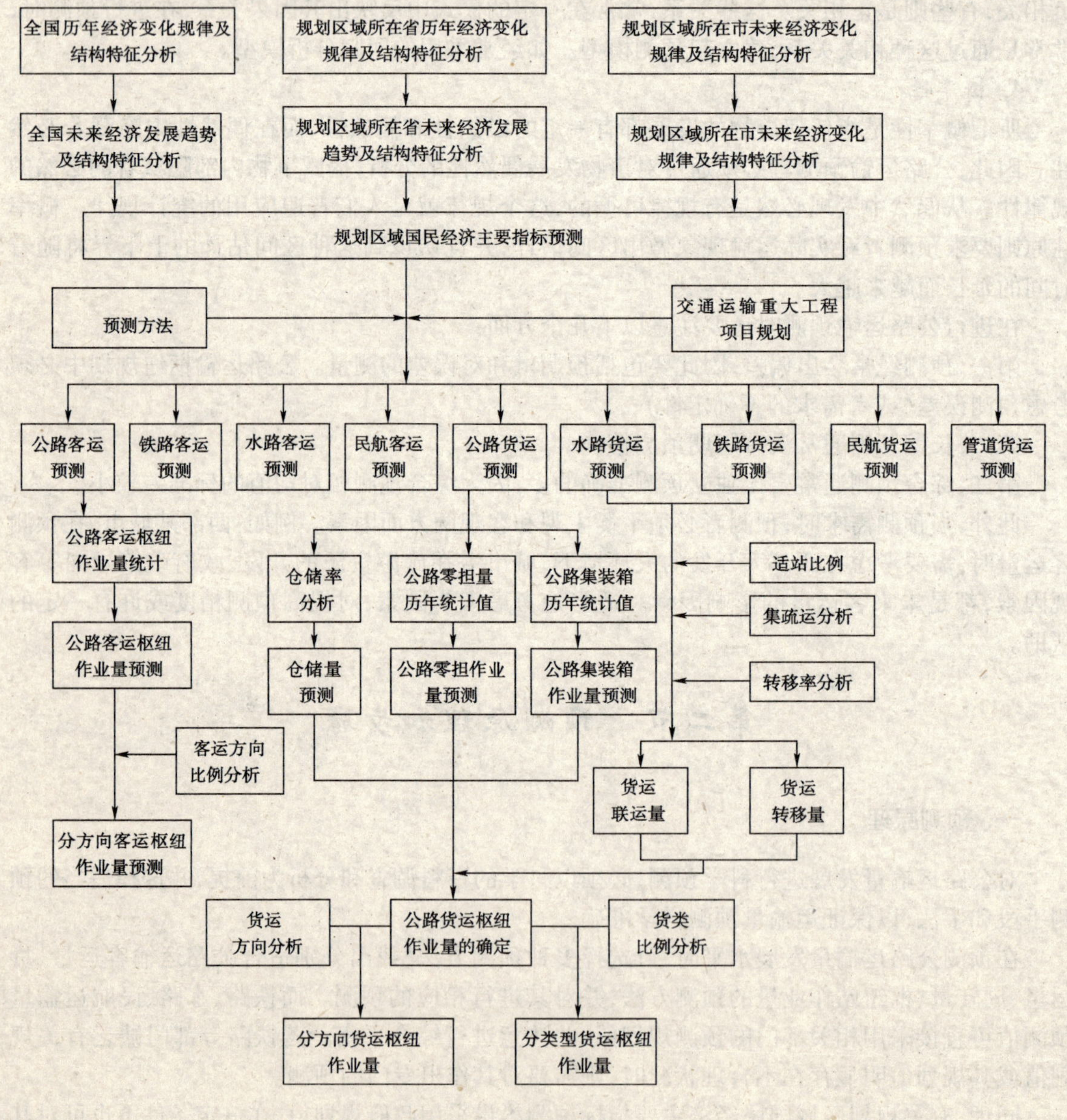

图 4-1　预测原理结构图

二、预测步骤

一般而言，预测过程可按如下步骤进行：

(1)确定所研究的规划预测范围，明确预测目的，根据需要和可能，说明通过预测要解决的问题。

(2)鉴别、选择和确定预测元素。从大量影响因素中，挑选出与预测对象有关的主要影响因素。

(3)确定逻辑关系，选择预测方法。

(4)建立模型。以较低的费用代价建立效益较高的模型，以达到较好反映客观实际的目的。但是模型越细，所要求的信息越多，计算工作量越大，因此对模型的要求应适度。

(5)检验模型。通常采用历史数据检验模型的合理性和客观性，将历史预测结果和实际情况相比较，找出模型的不足点，并加以修正。

(6)假定因素和条件。通过模型对某些假设进行运算，确定某些情况发生变化时预测结果的变化情况。

第三节　预测方法

对预测方法的分类，目前国际上尚无统一标准，各国的分类方法有粗有细，一般都是根据预测目标和特征不同，划分为不同的类别。如按预测对象范围可分为宏观、微观预测；按预测结果属性可分为定性、定量预测；按预测期长短可分为长期、中期、短期预测；按预测条件分为有条件、无条件预测。最常用的分类方法是按预测结果属性分类。

各种预测方法都出于不同的考虑，从不同角度来处理问题，而且各有其使用的前提和条件，从这个意义上来说，每种顶测方法和技术均有其局限性，各有其优缺点，要做到预测合理，就要同时采用多种预测方法并进行对比分析，尽量做到精准可靠。

另外在预测前，应对调查统计的基础数据可靠性和可信度有一明确鉴定。若在统计数据明显失真的情况下作为预测的基础，难免将会出荒谬的结论。这时应舍弃失真的数据另辟蹊径，对失真数据予以修正(当然是有依据的修正)，以宏观角度把握总的发展趋势，使预测结果不致太离谱。

一、定性预测方法

定性预测主要依据调查研究，采用少量数据和直观材料，预测人员根据自己的知识和经验对预测对象作出预测。定性预测方法主要用于对预测对象的未来性质、发展趋势和发展转折点进行预测，如预测对象的发展阶段是处于萌芽期、成长期、饱和期还是衰退期的判断。定性预测适合于缺乏充分数据的预测场合。

定性分析预测法一般包括抽样调查法、专家预测法(德尔菲法)、典型调查法、类比法等。抽样调查法是向运输服务客户(企业或个人)调查今后一定时期内需要运输产品(货物)的品种、数量、采用的方式、起讫点等，或者是旅客出行的意图、方式、次数和目的地等的调查方法；专家预测法是依靠专家的知识、经验和分析判断能力进行预测的方法；类比法是比照事物内在条件和环境的相似性，根据已经发生的典型现象，类比、推理同类现象发展趋势的方法。

定性预测最常用的方法是德尔菲(Delphi)法。它首先是在20世纪40年代由美国兰德公司创立并使用。其预测过程大体包括：

(1)由预测人员将需要预测的问题一一拟出，然后将这些问题连同本次预测活动的目的、意义等背景材料，一并寄给预测专家；

(2)预测专家各自独立地回答各个预测问题，并将答案回寄给预测人员；

(3)预测人员对收集的专家意见汇总、分类和整理，将那些专家意见相差较大的问题再抽出来，附上几种典型意见请专家进行第二轮预测；

(4)重复上述过程，直到专家的意见趋向一致或更加集中在一、两种意见上为止。以上述专家的最终意见作为预测结果。

德尔菲预测方法，由于预测专家可以背靠背地充分发表自己的看法，避免了受权威"人士"的影响，从而有利于预测活动的民主性和科学性。为了提高预测结果的质量，预测人员应注意选择好预测专家的人员名单，以及在拟定问题和提供备选答案时不要影响预测专家的态度。

二、定量预测方法

定量预测一般是从历史数据入手，然后按照一定的数学模型推导出预测值。定量分析预测法可分为两大类：时间序列预测和因果分析预测。时间序列法又分为移动平均法、指数平滑法、趋势预测法、灰色预测法等；因果分析法采用预先确定的表示预测变量和输入原因指标因素之间的因果关系的模型进行预测，各类数量经济学模型均属于此类。比较常用的方法有回归分析法、弹性系数法等。回归分析法又分为一元回归、多元回归、逐步回归等。

1. 灰色预测法

灰色预测是灰色系统理论的一部分。灰色预测模型基于灰色系统理论，其思想主要是将离散变量连续化，用微分方程代替差分方程，用生成数列代替原始时间序列，弱化原始时间序列的随机性，再通过一定的步骤建立预测数学模型。此模型只适于短期和中期预测，不适于长期预测。

灰色预测一般有以下四种类型。

(1)数列预测。对某现象随时间的顺延而发生的变化所做的预测定义为数列预测。例如对产值、收入、人口、运输量的预测，需要确定两个变量：一个是数量的水平，另一个是这一水平所发生的时间。灰色数列预测的基本目的是"定时求量"。

(2)灾变预测。对发生灾害或异常突变时间可能发生的时间预测称为灾变预测。例如对地震、旱灾时间的预测。

(3)系统预测。对系统中众多变量间相互协调关系的发展变化所进行的预测称为系统预测。例如交通运输量与人口、经济发展水平互相制约的预测。

(4)拓扑预测。将原始数据作曲线，在曲线上按定值寻找该定值发生的所有时点，并以该定值为框架构成时点数列，然后建立模型预测未来该定值所发生的时点。

目前广泛使用的灰色预测模型就是关于数列预测中一个变量、一阶微分的 GM(1,1)模型。GM(1,1)模型是基于随机的原始时间序列，经按时间累加后所形成的新的时间序列呈现的规律可用一阶线性微分方程的解来逼近。经证明，经一阶线性微分方程的解逼近所揭示的原始时间数列呈指数变化规律。因此，当原始时间序列隐含着指数变化规律时，灰色模型 GM(1,1)的预测将是非常成功的。灰色预测模型 GM(1,1)的构造如下所述。

第一步：原始数据。

$$X^{(0)} = \{x^{(0)}(1), x^{(0)}(2), \cdots, x^{(0)}(n)\} \tag{4-1}$$

由式(4-1)产生的 m 次累加生成 $m-\mathrm{AGO}$ 为:

$$X^{(m)} = \{x^{(m)}(1), x^{(m)}(2), \cdots, x^{(m)}(n)\} \tag{4-2}$$

其中 $x^{(m)}(k) = \sum_{i=1}^{k} x^{(m-1)}(i)\ (k=1,2,\cdots,n)$。

一般用一次累加生成就能使数据呈现一定的规律,若规律不够,可增加累加生成的次数。

第二步:数据处理。

在数据生成的基础上,用线性动态模型对生成数据拟合和逼近,其形式为:

$$\frac{\mathrm{d}X^{(m)}(t)}{\mathrm{d}t} + ax^{(m)}(t) = b \tag{4-3}$$

微分方程的解为:

$$x^{(m)}(t+1) = [x^{(m-1)}(1) - b/a]e^{-at} + b/a \tag{4-4}$$

第三步:估计参数 a、b。

其中:

$$\hat{a} = [a \quad b]^T = (B^TB)^{-1}B^TY \tag{4-5}$$

$$B = \begin{bmatrix} -0.5[x^{(1)}(1) + x^{(1)}(2)] & 1 \\ -0.5[x^{(1)}(2) + x^{(1)}(3)] & 1 \\ \vdots & \vdots \\ -0.5[x^{(1)}(n-1) + x^{(1)}(n)] & 1 \end{bmatrix} \quad Y = \begin{bmatrix} x^{(m-1)}(2) \\ x^{(m-1)}(3) \\ \vdots \\ x^{(m-1)}(n) \end{bmatrix} \tag{4-6}$$

第四步:模型精度检验。

构造方差比和小误差概率进行模型检验。

预测误差:

$$e(k) = x^{(0)}(k) - \hat{x}^{(0)}(k) \tag{4-7}$$

预测误差均值:

$$\bar{e} = \frac{1}{n}\sum_{i=1}^{n} e(i) \tag{4-8}$$

原始数据误差:

$$\bar{x}^{(0)} = \frac{1}{n}\sum_{i=1}^{n} x^{(0)}(i) \tag{4-9}$$

原始数据标准差:

$$S_1 = \sqrt{\frac{1}{n}\sum_{i=1}^{n}(x^{(0)}(i) - \bar{x}^{(0)})^2} \tag{4-10}$$

预测误差标准差:

$$S_2 = \sqrt{\frac{1}{n}\sum_{i=1}^{n}(e(i) - \hat{e})^2} \tag{4-11}$$

第一后验差指标:方差比

$$C = \frac{S_2}{S_1} \tag{4-12}$$

第二后验差指标:小误差概率

$$P = p\{|e(k) - \bar{e}| < 0.6745S_1\} \tag{4-13}$$

其中,$p = m/n$(m 为小于上述条件的误差个数)。

检验标准为精度等级越小越好，四级为不通过。精度等级标准如表4-1所示。

GM(1,1)模型等级　　表4-1

精度等级	一	二	三	四
P	>0.95	>0.8	>0.7	≤0.7
C	<0.35	<0.5	<0.65	≥0.65

另有一种简单的检验方法，即求相对预测误差 $E=\frac{e(k)}{x^{(0)}(k)}$ 越小越好。当检验不通过时，说明该数列不适宜用灰色预测方法。

2. 指数平滑法

指数平滑法对于未来的预测建立在历史数据的平均值的基础上，因此比较适于短期预测。指数平滑法作为时间序列分析的一种方法，对历史数据是区别对待，一般对近期数据赋较大的权，对远期数据赋较小的权，相对因素和预测值之间可以是直线，也可以是曲线。这种方法相对切合实际，可提高预测精度。指数平滑法能使预测值较多地反映最新观察值的信息，也能反映大量的历史资料的信息，计算量较小，需要存储的历史数据也不多。此方法的特点是计算简单，适应性强，因为它只与时间有关，即不需要相关因素的未来预测值就可以预测。一次指数平滑用于实际数据序列以随机变动为主的场合，二次指数平滑用于实际数据具有明显线性倾向的场合，三次指数平滑用于实际数据有曲率现象出现的场合。

(1)一次指数平滑法。

一次指数平滑公式为：

$$S_t^{(1)}=aX_t+(1-a)S_{t-1}^{(1)} \tag{4-14}$$

式中：$S_t^{(1)}$——一次指数平滑值；

X_t——t 期观察值；

a——平滑系数即加权系数，$0<a<1$。

a 取值不同，体现了不同时期各观察值所起的作用不同，当 a 取值大时，说明 t 期观察值 X_t 作用大。如把公式(4-14)化为：

$$S_t^{(1)}=S_{t-1}^{(1)}+a(X_t-S_{t-1}^{(1)}) \tag{4-15}$$

式中：$(X_t-S_{t-1}^{(1)})$——t 期观察值与上期指数平滑预测值的差，即预测误差。

$a(X_t-S_{t-1}^{(1)})$ 中若当 a 取值大时，误差 $(X_t-S_{t-1}^{(1)})$ 被放大，所以 a 取值应适当。

从公式(4-14)来看，新的平滑值等于权数 a 乘以 t 期观察值加上 $(1-a)$ 乘以上一期预测值，充分利用了全部观察值。

把公式(4-14)递推展开后可看出权数大小与期数的递推公式：

$$\begin{aligned}S_t^{(1)}&=aX_t+(1-a)S_{(t-1)}^{1}\\&=aX_t+(1-a)[aX_{t-1}+(1-a)S_{t-2}^{(1)}]\\&=aX_t+a(1-a)X_{t-1}+(1-a)^2S_{t-2}^{(1)}\\&=aX_t+a(1-a)X_{t-1}+(1-a)^2[aX_{t-2}+(1-a)S_{t-3}^{(1)}]\\&=\cdots\\&=aX_t+a(1-a)X_{t-1}+\cdots+a(1-a)^{t-1}X_1+(1-a)^tS_0^{(1)}\end{aligned}$$

递推公式中的系数离 t 越近，权数越大，由于 $0<a<1$，所以 $a>a(1-a)>\cdots>a(1-a)^{(t-1)}$，所以当 $t\to\infty$ 时，$(1-a)^tS_0^{(1)}$ 趋于0，权数 $a,a(1-a),\cdots\cdots,a(1-a)^{(t-1)}$ 是以公比为

$(1-a)$的等比数列，所以称此法为指数平滑法，权数之和是 $a*1/[1-(1-a)]=1$，与权数特点完全相吻合，而且又可以看出所预测值 $S_t^{(1)}$ 既与全部观察值、也与 $S_0^{(1)}$ 有关，$S_0^{(1)}$ 称为初始条件，$S_0^{(1)}$ 是不知道的，需要设定。初始条件的取值一般有三种方法：①专家评估；②取1、2、3期观察值加权平均数；③用第一期观察值 $S_0^{(1)}=X_1$。

用指数平滑求预测值也很方便，可以用表格形式求指数平滑值。

(2)二次指数平滑法。

二次指数平滑法就是对一次指数平滑值再进行一次指数平滑计算，计算公式为：

$$S_t^{(2)}=aS_t^{(1)}+(1-a)S_{t-1}^{(2)} \tag{4-16}$$

式中：$S_t^{(2)}$，$S_{t-1}^{(2)}$——t期、$(t-1)$期二次指数平滑值；

$S_t^{(1)}$——t期一次指数平滑值，计算方法与前述相同。

用二次指数平滑法存在滞后偏差问题。一般一次指数平滑法与二次指数平滑法都不是适于直接预测，对权数修正后才可通过指数平滑线性模型来预测。二次指数平滑线性模型预测公式：

$$Y_{t+T}=a_t+b_tT \tag{4-17}$$

式中：a_t，b_t——平滑系数，$a_t=2S_t^{(1)}-S_t^{(2)}$

$$b_t=[a/(1-a)](S_t^{(1)}-S_t^{(2)});$$

T——超前期，用t期预测$t+T$期。

预测值同样需要考虑可靠程度，预测者可以根据实际需要修正权数。

(3)三次指数平滑法。

当观察值分布出现曲率时，一般情况下二次指数平滑法不适用，可采用三次指数平滑法，即非线性预测模型。

三次指数平滑预测方法的步骤：

第一步：三次平滑模型。

$$Y=a_t+b_t\cdot L+c_tL^2 \tag{4-18}$$

式中：Y——预测目标；

t——时间序列；

L——未来的单位时间段；

a_t——一次平滑系数；

b_t——二次平滑系数；

c_t——三次平滑系数。

平滑系数的确定：

$$a_t=3S_t^{(1)}-3S_t^{(2)}+S_t^{(3)}$$

$$b_t=\frac{a}{2(1-a)^2}[(6-5a)S_t^{(1)}-2(5-4a)S_t^{(2)}+(4-3a)S_t^{(3)}]$$

$$c_t=\frac{a^2}{2(1-a)^2}(S_t^{(1)}-2S_t^{(2)}+S_t^{(3)})$$

式中：　　a——经验确定的加权系数，在客货运输量预测中取值多在0.1~0.6之间。

$S_t^{(1)}$，$S_t^{(2)}$，$S_t^{(3)}$——分别为第t周期的一次平滑值，二次平滑值和三次平滑值。

第二步：求 S_t 的平滑值。

$$S_t^{(1)}=aX_t+(1-a)S_{t-1}^{(1)} \tag{4-19}$$

$$S_t^{(2)} = aS_t^{(1)} + (1-a)S_{t-1}^{(2)} \tag{4-20}$$

$$S_t^{(3)} = aS_t^{(2)} + (1-a)S_{t-1}^{(3)} \tag{4-21}$$

式中：X_t——第 t 周期的统计数据，$t=1,2,3,\cdots\cdots$；

$S_{t-1}^{(1)}$——$t-1$ 周期的一次平滑值；

$S_{t-1}^{(2)}$——$t-1$ 周期的二次平滑值；

$S_{t-1}^{(3)}$——$t-1$ 周期的三次平滑值。

第三步：初值的选定。

二次平滑是一次平滑的引伸，三次平滑是二次平滑的拓展。它们的加权系数 a 都有相似的意义，都是由预测者选定，并用来确定过去需求项的加权值，可以从平滑中得到：

$$S_t = aX_t + a(1-a)X_{t-1} + a(1-a)^2X_{t-2} + \cdots + (1-a)^tS_0 \tag{4-22}$$

第四步：加权系数。

加权系数 a 是新旧数据在预测中所起不同作用的比例因子。a 越大，新数据所起的作用就越大，模型的灵敏度就越高，适应新水平较快，但容易过敏；反之，a 过小，则比较保守，易于落后于新的发展趋势。在预测中应用时，对 a 取 0.1、0.2、0.25、0.3、0.6 分别预测，然后用历史上近几年的预测值与实际值进行误差分析，选用误差较小的 a 进行未来年份的预测。

3. 回归分析法

回归分析是分析现象之间联系形态和密切程度的统计方法。由于社会经济现象是相互依存又相互联系，反映在数量上，就是各个变量之间存在着一定的客观联系。但这种联系又不是确定性的函数关系，即当自变量给定某一数值时，可出现的因变量数值并不是唯一的，而是包括在某一个或大或小的范围内。例如交通运输量的增长与人口自然增长有密切的联系，但仅通过人口指标并不能准确地确定该地区的交通运输生成量，因为影响运输量发生的不只是人口一个因素，社会经济指标、土地开发利用问题等都对交通运输发生量产生影响。对于运输量与各因素间的非确定性的相关关系，比较好的途径就是通过回归分析方法加以研究。

采用回归方法进行预测在我国已经相当普及。由于回归方法本身所具有的相对科学性、客观性得到普遍认可，特别是一元线性回归在计算上的相对简便，用手工方式都能完成，而多元、非线性回归分析的复杂计算也可以通过计算机完成，所以回归预测的推广获得了长足的进步。但在这种方法得到普及的同时，也存在着一些过于简单化的倾向，如把回归预测仅仅理解为对有关回归系数和相关系数的计算工作等。

回归分析是最常用的预测模型之一。通常情况下，只选用一元线性回归预测模型。其模型的标准形式为：

$$Y = A + BX \tag{4-23}$$

式中：X——自变量（相关变量）；

Y——因变量，即对预测对象所代表的变量。

A、B——回归系数，分别由公式(4-25)和(4-24)确定：

$$B = \frac{\frac{1}{n}\sum_{i}^{n} X_iY_i - \overline{X}\,\overline{Y}}{\frac{1}{n}\sum_{i=1}^{n} X_i^2 - (\overline{X})^2} \tag{4-24}$$

$$A = \overline{Y} - B\overline{X} \tag{4-25}$$

式中：X_i，Y_i——自变量和因变量的原始观察值；

$\overline{X},\overline{Y}$——自变量和因变量观察值的算术平均值。

上述模型建立后，必须对模型进行检验。检验的目的是用于证实自变量 X 和因变量 Y 之间的线性关系。只有检验合格的模型，才可用于实际预测。这种检验常通过计算相关系数 R 来进行，即：

$$R^2 = \frac{\frac{1}{n}\sum_{i=1}^{n} X_i Y_i - \overline{X}\,\overline{Y}}{\sqrt{\left(\frac{1}{n}\sum_{i=1}^{n} X_i^2 - \overline{X}^2\right)\left(\frac{1}{n}\sum_{i=1}^{n} Y_i^2 - \overline{Y}^2\right)}} \tag{4-26}$$

上述 R 值必须大于相关系数的查表值 R_0（根据某一置信水平 α 和原始观察值数组 n 去查相关系数检验表，表中的观察值 n' 比实际观察数目少 2，即 $n' = n-2$）。在 $R > R_0$ 时，R 越高表明线性回归的程度越高。

上述模型建立后，如果知道自变量在预期值的取值（设为 X_t），那么该期的预测值 Y_t 便可由式(4-27)计算。

$$Y_t = A + BX_t \tag{4-27}$$

根据公式(4-27)确定的预测值，通常叫做预测值的点估计。一般而言，只确定点估计是不够的，还必须确定在一定置信水平 α 下的置信区间。这一区间的范围有以下公式确定：

$$Y_t \pm t_{\alpha/2}(n-2)S_0 \qquad n < 30 \tag{4-28}$$

或者：

$$Y_t \pm Z_{\alpha/2}S_0 \qquad n \geqslant 30 \tag{4-29}$$

式中：$t_{\alpha/2}(n-2)$、$Z_{\alpha/2}$——T 分布和正态分布的查表值。

α——置信水平，即预测结果的可信度为 $100(1-\alpha)\%$，通常为 68%，95%，99.9%。

S_0 则由公式(4-30)确定。

$$S_0 = \sqrt{\frac{\sum_{i=1}^{n}(Y_i - Y)^2}{n-2}} \cdot \sqrt{1 + \frac{1}{n} + \frac{(x_0 - \overline{x})^2}{\sum_{i=1}^{n}(x_i - \overline{x})^2}} \tag{4-30}$$

式中：x_0——预测期自变量的取值。

一元非线性回归，如指数回归、对数回归模型等常化为一元线性回归后求出相应系数，再带回原非线性模型进行相应的预测；多元回归模型计算相对复杂些，可参阅有关书籍或利用 MATLAB 软件包求解。

4. *单元预测法*

单元预测法，指自变量与因变量为同类要素时，根据统计期的观察值推测预测值的一种简便方法。

$$Q_l = \overline{Q} + r(Q_0 - \overline{Q}) \tag{4-31}$$

式中：Q_l——未来第 L 期的预测值；

$\overline{Q}$——预测对象在过去统计期内的平均值；

Q_0——统计末期预测对象的统计值；

r——在一定的分布时间内，预测对象在前后统计期（或预测值）内的相关函数，如指数分布等，需要根据历史数据测算。

5. *弹性系数法*

此方法的数学模型为：

$$Y_t = Y_0(1+i)^t \tag{4-32}$$

$$i = E_s q = \frac{i'}{q'}q \tag{4-33}$$

式中：Y_t——未来第 t 年的预测值；

Y_0——预测对象在当前的统计值；

i'、i——预测对象在过去和未来时间的年均增长率（%）；

t——预测期的时间长度；

E_s——弹性系数；

q'、q——分别为类比变量在过去和在未来时间的年均增长率。

弹性系数 E_s 通常参照国内外预测对象所处发展阶段来取值，也可通过 E_s 历史数据推算得出。

6. 组合预测

上述几种预测方法各有其优点和不足之处，所预测的结果也有差异，都是事物发展变化的某种映像，不能绝对肯定或否定哪一种预测方法。

组合预测是用两种或两种以上不同的预测方法对同一预测对象进行预测，然后对各个单独的预测结果适当地加权后取其平均作为预测结果的预测方法。它集结所有单个预测方法包含的有用信息，使预测具有未来变化的适应能力，以减少预测的风险，提高预测的精度。

组合预测模型为：

$$\hat{Y} = \sum_{i=1}^{n} w_i \cdot \hat{y}_i \tag{4-34}$$

式中：$\hat{Y}$——组合预测值；

$\hat{y}_i$——第 i 种预测模型的预测值；

w_i——第 i 种预测模型被赋予的权重系数，$\sum_{i=1}^{n} w_i = 1$；

n——预测模型的数目。

权重 w_i 的确定常采用标准差法：

$$w_i = \frac{S - S_i}{S} \cdot \frac{1}{n-1} \tag{4-35}$$

式中：S_i——第 i 种预测模型的标准差，$S = \sum_{i=1}^{n} S_i$。

这种分配权重的方法体现了以模型的拟合度作为取舍的思想，即拟合度好的模型相应的预测结果被赋予了更大的权重。

三、预测实践中应注意的实际问题

预测人员在进行实际预测活动时，应注意以下几个问题：

（1）预测结果的可信度。前述各种模型中，只有回归模型提供了可信度结论，而其他模型都没有给出结果的可信度。当对预测结果做组合处理后，最终预测值也没有也不可能给出可信度。这个困难尚有待预测学本身的发展去解决，但在实践中却不可因此裹足不前。

（2）预测方案。实际预测活动中应尽量给出多个预测方案，以增加决策的适应性和可调整性，避免因单方案造成决策的刚性。

（3）拟合度与精度。拟合度是指预测模型对历史观察值的模拟程度。一般地讲，对既定的历史数据总可以找到拟合程度很高的模型。但预测人员也不应过分相信拟合度越高,预测结果就越准确的结论。预测准确性的高低属于精度问题。拟合度好不一定精度也高,当然模型的拟合度太差也是不妥当的。

(4)预测的期限。预测按预测时间可分为长期预测和中短期预测。一般地说,对短期预测好的模型,不一定对长期预测也好;反之亦然。对这两类预测从精度上讲,对短期预测精度的要求应高于长期预测。

(5)预测模型。现在有将模型复杂化、多因素化的趋势,虽然这种发展趋势一般有利于提高预测的精度,因为这包括了更多因素的影响。但有时复杂模型不一定比简单的模型好,而且因素过多,对这些因素的未来值也不宜判断。

(6)数据处理与模型调整。如果某个模型的预测误差较大,人们通常采取原始数据进行平滑处理和修改模型的方法去解决。这种对原始数据进行平滑处理的方法实际上是在回避矛盾。数据异常总有其原因,预测人员应首先对此进行加以研究,以便在预测活动中考虑这些原因的影响。

(7)实际与想象。很多预测人员在预测活动开始时就对预测对象的未来发展作了想象,并以想象来不断地修正结果。这其实是一种本末倒置的做法,尤其是中间预测值的取舍以及组合处理时,应力求避免这种易犯的错误。

第五章 公路运输枢纽规划方法

第一节 概 述

如前所述，公路运输枢纽规划分为宏观和微观两个层面。宏观上的公路运输枢纽规划是指全国性或区域性的枢纽城市布局规划，如1992年交通部制订的《全国公路主枢纽布局规划》和2007年交通部发布的《国家公路运输枢纽布局规划》(见附录四、附录六)，这属于运输节点规划，有些省份和经济区域制定的区域性公路运输枢纽规划也属于这个层次；微观上的公路运输枢纽规划是指在枢纽城市内公路运输站场总体布局规划，如《北京公路运输枢纽总体规划》对未来在北京城市总体规划范围内的公路客货运输站场空间布局、站级规模、占地规模、服务功能、建设序列等进行了系列安排。

公路运输枢纽宏观规划和微观规划由于其任务和性质特点不同，故所采用的规划方法也有所差异。

公路运输枢纽布局规划流程如图5-1所示。首先进行实际调查，在掌握发展现状并给予恰当的评价基础上，分析其未来发展环境及趋势，之后再确定公路运输枢纽布局的目标和要求，然后找出影响布局规模、方案设计的主要指标或因素，依照不同的方案设计思路，运用相应的规划方法，拟定几种可行的布局方案，并针对拟定的各种方案在同一尺度下进行评价，从中选出优选方案，以优选方案为基础，再根据实际情况进行适当的调整，最终确定推荐的布局方案。

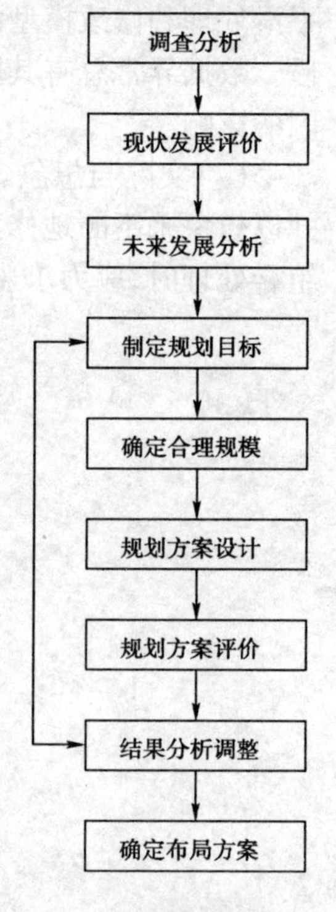

图5-1 公路运输枢纽布局规划流程图

特别指出在方案评价时有可能多次出现不能满足规划目标的情形，为此应在多种理论计算方案中选优的基础上，根据实际中无法量化的约束条件对相对较优的方案进行调整，使其逼近规划目标，这也许是个不断循环的过程，直到规划方案最终满足规划目标为止。

第二节 公路运输枢纽宏观布局规划方法

公路运输枢纽宏观布局规划的主要难点之一是确定公路运输枢纽的合理规模。枢纽数目设置太多，会造成资金浪费，设施闲置；设置数目太少，则起不到应有的作用，达不到规划的目标。

从交通运输地理学的角度出发，公路运输枢纽的设置个数应使整个公路运输网达到最佳的点、线协调程度，从而能使每个运输枢纽能达到最佳的利用频率，发挥理想的作用。

从发挥综合运输潜力的角度出发，公路运输枢纽的设置个数应使各节点城市的综合运输潜力得到最大发挥，从而实现各种运输方式有机的结合和相互发展。

一、公路运输枢纽备选节点城市的分析

根据以节点城市为主研究公路运输枢纽宏观布局规划的指导原则，首先需要分析确定有可能成为公路运输枢纽的备选节点城市，以供拟定布局方案时选用。

通常规划研究区域内城市数目较多，而且这些城市的社会经济发展水平、对外运输的发达程度、公路运输的地位与作用以及所处的经济地理位置等差别很大，如果把所有的城市均作为公路运输枢纽布局的研究对象，则可能带来如下不利影响：第一，抓不住重点，难以发现其中的规律；第二，加大了工作量，需采集多种布局规划所需的各种数据；第三，由于统计数据原故，可能会造成某些城市的数据收集不全。因此，缩小研究对象的范围是完全必要的。由于公路运输枢纽是公路骨架的支撑，是与骨架并存的组成部分，因此公路运输枢纽节点一定是公路骨架的节点城市。

二、节点城市选择指标的分析

备选枢纽节点城市是未来公路运输枢纽的点集，要从其中挑选出合适的城市作为公路运输枢纽节点，则需要一些数量指标体系来加以分析确定，而这些指标体系应最能反映节点城市的公路运输地位及作用，因此可以采用一系列指标体系来选择公路运输枢纽点。通常把运输总量、公路运量、城市位势、公路网通达指数、人口、国内生产总值等指标作为选点指标体系。

三、布局规划方案设计方法

1. 节点法

(1)基本思路。

该方法的设计思路主要是从公路运输枢纽的基本功能出发，即从交通运输地理学的角度出发，对公路运输网进行研究，把公路运输经过次数多的节点城市作为公路运输枢纽点。因此，其设计目标是选择公路运输枢纽与国道主干线、国家高速公路网相配合，能使枢纽点使用频率最高，发挥的作用最大。

(2)设计方法。

节点法的设计流程见图 5-2，设计的主要步骤如下。

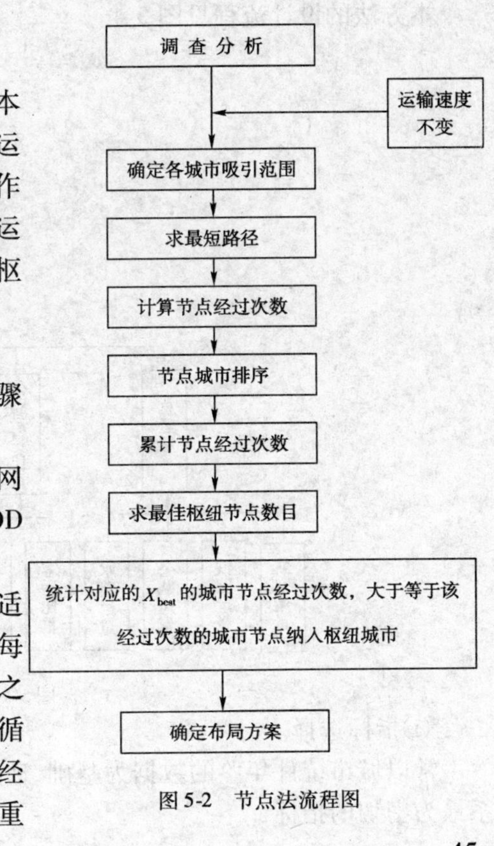

图 5-2　节点法流程图

第一步，以规划的国道主干线和国家高速公路网组成的网络为基础，建立备选节点城市国道里程 OD 矩阵。

第二步，在假定运输干道网上行驶速度不变，并适当考虑每个节点城市运输吸引范围的前提下，计算每两个城市节点之间的最短通路。每两个城市节点之间，在最短路径上每经过一个城市一次，则记数为 1，循环往复，逐次累计。最后，便可求得每个城市节点的经过次数。从交通地理学角度上认为经过次数多者为重

要的枢纽位置。

第三步，将得到的各城市节点的经过次数从大至小依次排列，并进行累加，绘制累加曲线，在曲线上找出其拐点位置，则为理论上公路运输枢纽的最佳城市数目。同时根据城市节点经过次数的排序，可相应选出公路运输枢纽节点。

图5-3中 a 为城市节点经过次数累计曲线，同样可做出各节点城市之间无中转的累计直线 b。将累计频数曲线 a 减去直线 b，可得到各节点城市累计频数实际递增曲线 c，即 $c=a-b$，求出曲线 c 的拟合函数，并对曲线 c 求极值，即令 $c'(x)=0$，则求得 X 的值即是曲线 c 取得极大值时所对应的最佳城市节点个数。从物理意义上讲，选择这一数目的城市作为公路运输枢纽规模，能使公路运输网中各节点城市的理论经过频数达到最佳值。

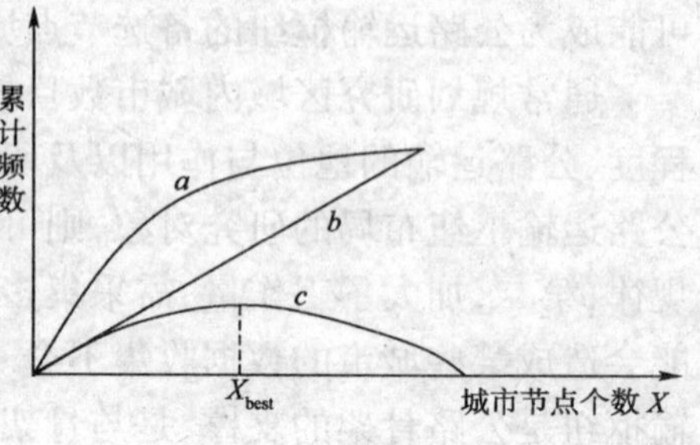

图5-3　城市节点经过次数累计曲线

节点法筛选出的枢纽节点城市对处于边缘地带或陆路终端的城市具有不公正性或缺陷，常用其他方法给予弥补。

2. 指标评分法

(1)基本思路。

从公路运输枢纽概念出发，选择与公路运输枢纽关系最为密切的若干个指标，对这些备选城市节点逐个进行公路运输地位的综合评判，从而计算出每个城市节点的得分，即代表每个城市节点的公路运输发展潜力。得分高者为公路运输枢纽城市入选对象。

(2)设计方法。

本方法的设计流程见图5-4。

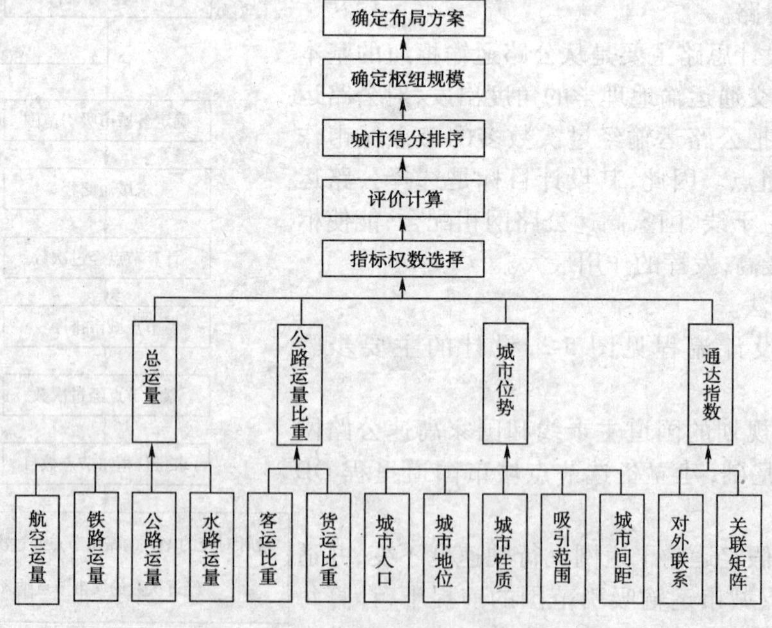

图5-4　指标评分法流程图

①指标选择。

常以城市统计年鉴的数据为基础，通过专家咨询方式，可选择如下四项与公路运输枢纽关系最为密切的指标：

总运量(F_A)—采用全社会铁路、公路、水路、航空等运量计算；

公路运量比重(F_B)—采用全社会公路运输量与总运量之比计算；

城市位势(F_C)—主要由城市的自然地理条件、经济条件和交通条件确定。其计算模型为：

$$F_C(i) = \sum_{j=1}^{N} \frac{P_i}{P_j} + \frac{D_{ii}}{D_{ij}}$$

式中：$F_C(i)$——第 i 个城市节点的位势，$i=1,2,3,\cdots\cdots,N$；

P_i,P_j——分别为第 i 个和第 j 个城市节点人口规模；

D_{ij}——第 i 个城市节点到第 j 个城市节点的最短距离；

D_{ii}——第 i 个城市节点的吸引范围。

通达指数(F_D)—度量两个城市节点之间联系难易程度的指标，它能对公路运输网的完善程度给予有价值的度量。在路网节点中，若两个节点直接存在着一条连线，则在建立的关联矩阵中连线数数值取为 1。在关联矩阵中一对节点间的距离沿用最短路径所介入的连线数表示，最后将矩阵中的行总数累加即为该节点的通达指数。通达指数越小，则表明该城市通往其他城市的直达性越好。

②指标计算。

依据以上四项指标计算结果，可将这些备选枢纽城市节点的同类项指标分别累加，并求其平均值，之后分别计算各指标的可比指数，采用综合评判法对每个城市节点进行具体评价计算，以求出代表各城市节点公路运输发展潜力的得分。

同理按照得分高低顺序选择公路运输枢纽节点城市，选择标准可仿照节点法中根据评分指标分数求其累计值，建立城市节点个数与评价分数的函数关系，并求出极值以确定最佳枢纽个数。从物理意义上讲，当选择这一数目的城市节点作为公路运输枢纽规模时，可以使这些城市的公路运输潜力得到充分发挥，以促进综合运输和城市的发展。

当然，指标评分法理论计算的结果，可能与实际情况会有一定出入。原因是该方法存在一定的局限性，如选用哪一年运输量等数值指标计算更具科学性，选点指标是否全面、具有代表性，各指标权重的准确性等都对规划结果有较大的影响。但此方法不失为一种有效的设计方法。

3. 条件分析法

(1)基本思路。

该方法设计思路主要是从运输枢纽应具备的条件出发，对备选枢纽城市逐个分析筛选。之后再进一步增加其他约束条件，使选择公路运输枢纽的条件达到充分，从而筛选出相对满意的公路运输枢纽城市，据此确定规划布局方案。

(2)设计方法。

根据形成运输枢纽城市的条件逐个进行筛选。

①干线交汇处。

公路运输枢纽应位于两条或两条以上公路干线的交汇处，或位于公路干线、水运通道、铁路干线相互交汇衔接之处。

可将备选枢纽城市通过的运输干线情况列成表格，并统计这些城市节点有两条及两条以上公路干线通过的数目；至少有一条公路干线和一条铁路干线同时通过或交汇的数目；至少有一条公路干线和一条水运通道交汇或衔接的数目。满足以上条件的可视为公路运输枢纽节点城市。

②中心城市。

枢纽城市应是省会城市、区域中心城市、沿海开放港口城市和经济特区城市。这些城市是经济区域发展的中心,也是客货运输量产生和需求的重要节点。

③资源基地与商贸中心。

能源、外贸物资的主要中转基地或进口基地,包括已初步形成的公路零担和集装箱运输中转基地,这是规划建设货运枢纽节点不可忽略的条件之一。

④公路运输枢纽间距。

根据运输网布局的需要,公路运输枢纽城市在路网上的布局密度应适宜,亦即运输枢纽各自都应有一定的服务范围,这样才能使公路运输枢纽发挥其应有的功能,实现规划区域内快速中转运输。然而不同区域其运输枢纽间距会存在一定的差异。通常经济发达地区运输枢纽间距较小,欠发达地区运输枢纽间距较大。间距大小的具体数值可根据专家调查法确定,该数值往往是一个区间范围。

根据上述四个条件,从备选枢纽城市中可以筛选出公路运输枢纽节点城市。

4. 聚类分析法

(1)基本思路。

该方法设计思路是根据备选公路运输枢纽城市节点特征,对其进行属性分类,即按照物以类聚的思路,对所有备选枢纽城市节点进行分类,从而选出比较适合的公路运输枢纽城市,以此来确定公路运输枢纽布局规划的基本方案。

(2)设计方法。

聚类分析方法常采用模糊聚类、系统聚类、动态聚类三种。

①模糊聚类法。

模糊聚类分析的原理就是运用模糊等价关系进行分类的一种分析方法。

将待分类事物的全体作为论域 $U=\{X_1,X_2,\cdots\cdots,X_n\}$,每一事物 $X_i(i=1,2,\cdots,n)$ 用一组数据 $(X_{i1},X_{i2},\cdots,X_{im})$ 表示其特点。模糊聚类分析的实质就是按照某种标准鉴别事物之间的接近程度,把彼此接近的事物归为一类。模糊聚类分析方法步骤如下。

第一步:建立模糊相似矩阵。

用 r_{ij} 表示分类对象 x_i 与 x_j 之间的相似程度,由此建立模糊相似矩阵 $R=(r_{ij})_{n\times n}$,其中 r_{ij} 可以用如下方法之一确定。

a. 最大最小法。

$$r_{ij}=\frac{\sum_{k=1}^{m}\min(x_{ik},x_{jk})}{\sum_{k=1}^{m}\max(x_{ik},x_{jk})} \tag{5-1}$$

b. 算术平均法。

$$r_{ij}=\frac{\sum_{k=1}^{m}\min(x_{ik},x_{jk})}{\frac{1}{2}\sum_{k=1}^{m}(x_{ik}+x_{jk})} \tag{5-2}$$

c. 几何平均法。

$$r_{ij} = \frac{\sum_{k=1}^{m} \min(x_{ik}, x_{jk})}{\sum_{k=1}^{m} \sqrt{(x_{ik} \cdot x_{jk})}} \tag{5-3}$$

d. 相关系数法。

$$r_{ij} = \frac{\sum_{k=1}^{m} (x_{ik} - \bar{x}_i) \cdot (x_{jk} - \bar{x}_j)}{\sqrt{\sum_{k=1}^{m} (x_{ik} - \bar{x}_i)^2} \cdot \sqrt{\sum_{k=1}^{m} (x_{jk} - \bar{x}_j)^2}} \tag{5-4}$$

其中 $\bar{x}_i = \frac{1}{m}\sum_{k=1}^{m} x_{ik}, \bar{x}_j = \frac{1}{m}\sum_{k=1}^{m} x_{jk}$。

e. 夹角余弦法。

$$r_{ij} = \frac{\sum_{k=1}^{m} x_{ik} \cdot x_{jk}}{\sqrt{\sum_{k=1}^{m} x_{ik}^2} \cdot \sqrt{\sum_{k=1}^{m} x_{jk}^2}} \tag{5-5}$$

f. 欧氏距离法。

$$r_{ij} = \sqrt{\frac{1}{m}\sum_{k=1}^{m} (x_{ik} - x_{jk})^2} \tag{5-6}$$

g. 数量积法。

$$r_{ij} = \begin{cases} 1 & 若\ i = j \\ \frac{1}{M}\sum_{k=1}^{m} x_{ik} \cdot x_{jk} & 若\ i \neq j \end{cases} \tag{5-7}$$

其中 M 是适当选择的正数，满足 $M \geqslant \max(\sum_{k=1}^{m} x_{ik} \cdot x_{jk})$。

h. 非参数法。

令 $x'_{ik} = x_{ik} - \bar{x}_i, x'_{jk} = x_{jk} - \bar{x}_j$，其中

$$\bar{x}_i = \frac{1}{m}\sum_{k=1}^{m} x_{ik}, \bar{x}_j = \frac{1}{m}\sum_{k=1}^{m} x_{jk}$$

将集合 $\{x'_{i1}, x'_{j1}, x'_{i2}, x'_{j2}, \cdots, x'_{im}, x'_{jm}\}$ 中的正数个数记作 n^+，负数个数记作 n^-，则

$$r_{ij} = \frac{1}{2}\left(1 + \frac{n^+ - n^-}{n^+ + n^-}\right) \tag{5-8}$$

i. 绝对值指数法。

$$r_{ij} = e^{-\sum_{k=1}^{m} |x_{ik} - x_{jk}|} \tag{5-9}$$

j. 绝对值倒数法。

$$r_{ik} = \begin{cases} 1 & 若\ i = j \\ \frac{M}{\sum_{k=1}^{m} |x_{ik} - x_{jk}|} & 若\ i \neq j \end{cases} \tag{5-10}$$

其中 M 是适当选择的正数，满足 $M \leqslant \min\left(\sum_{k=1}^{m} |x_{ik}-x_{jk}|\right)$。

k. 绝对值减数法。

$$r_{ij}=\begin{cases}1 & 若\ i=j\\ 1-C\cdot\sum_{k=1}^{m}|x_{ik}-x_{jk}| & 若\ i\neq j\end{cases}\tag{5-11}$$

其中 C 是适当选择的正数，使得 $0\leqslant r_{ij}\leqslant 1$。

l. 主观评分法。

请有关专家根据经验打分确定 r_{ij} 的值。

第二步：建立模糊等价矩阵。

如果第一步中建立的模糊相似矩阵 $R=(r_{ij})_{n\times n}$ 满足传递性的条件 $R\cdot R\subseteq R$，那么 R 就是一个模糊等价矩阵，利用 R 可以对 U 进行分类；如果 R 不满足传递性的条件，那么先用平方法求出 R 的传递闭包 $t(R)$，则 $t(R)$ 是一个模糊等价矩阵，可以利用 $t(R)$ 对 U 进行分类。

$t(R)$ 定义：设 $R=(r_{ij})_{n\times n}$ 是一个模糊矩阵，若 R 满足 $R^2\subseteq R$，则称 R 为一个模糊传递矩阵，而包含 R 的最小模糊传递矩阵则称为 R 的传递闭包，记 $t(R)$。

传递闭包 $t(R)$ 常用平方法求得，即 $R\to R^2\to R^4\to R^8\cdots$，直到实现 $R^{2^k}=R^{2^{k+1}}$ 时，$t(R)=R^{2^k}$。

第三步，对 U 分类。

利用传递闭包 $t(R)$ 的 λ 截矩阵对 U 进行分类，即 $t(R)_\lambda=(r_{ij}^{\lambda})_{n\times n}$。$\lambda$ 在 0 和 1 之间，如可取 $\lambda=1,0.8,0.6$ 等，则 $r_{ij}^{\lambda}=\begin{cases}1 & 若\ r_{ij}\geqslant\lambda\\ 0 & 若\ r_{ij}<\lambda\end{cases}$。

由此可以看出 r_{ij}^{λ} 仅取 0 或 1 数值，故所得 $t(R)_\lambda$ 也称布尔矩阵。利用布尔矩阵直接对 U 进行分类。如 $\lambda_{ij}=1$ 则 x_i、x_j 归为一类；$\lambda_{ij}=0$ 则 x_i、x_j 不归为一类。显然 x_i、x_j 是否归为一类受到 λ 取值的影响。

如采用国内生产总值、人口、公路运输量，干线公路交汇的条数四个指标来反映枢纽城市（样本）的性质，则每一备选城市 $X_i(i=1,2,\cdots,n)$ 用一组数据（$X_{i1},X_{i2},X_{i3},X_{i4}$）就可表示其特征。采用模糊聚类方法就可对上述 n 个样本进行聚类分析。

②系统聚类法。

系统聚类法是目前在实际工作中使用最多的一类方法，它是将类由多变到少的一种有效方法。

设有 n 个样品，每个样品测得 m 项指标。系统聚类方法的基本思想是：首先定义样品间的距离（或相似系数）和类与类之间的距离。初始将 n 个样品看成 n 类（每一类包含一个样品），此时类间的距离与样品间的距离是等价的；然后将距离最近的两类合并成为新类，并计算新类与其他类的类间距离，再按最小距离准则并类。这样每次缩小一类，直到所有的样品都并成一类或规定的分类临界值为止。这个并类过程可以用谱系聚类图形象的表达出来。

类与类之间的相似程度常用距离（用于样品的分类）或相似系数（用于指标的分类）来度量。

系统聚类基本步骤如下：

第一步：计算 n 个样品、指标两两间的距离 d_{ij}，得样品或指标间的距离矩阵 $D^{(0)}=(d_{ij}^{(0)})_{n\times n}$。

第二步：n 个样品或指标各自构成一类，类的个数 $K=n$，第 i 类 $G_i=\{X_{(i)}\}(i=1,\cdots,n)$。

此时类间的距离就是样品或指标间的距离(即 $D^{(1)}=D^{(0)}$)。然后对 $X_{(i)}(i=1,\cdots,n)$ 执行并类过程。

第三步:对以上得到的距离矩阵 D^{i-1},合并类间距离最小的两类为一新类。此时类的总个数 K 减少一类,即:

$$K=n-i+1$$

第四步:计算新类与其他类的距离,得新距离矩阵 $D^{(i)}$。若合并后类得总个数 K 仍大于 1,重复上述步骤;直到类的总个数为 1 时为止。

第五步:画谱系聚类图。

系统聚类的原则决定于样品间的距离或指标间的相似系数及类间距离的定义,类间距离的不同定义就会产生不同的聚类结果。

以下用 d_{ij} 表示样品 $X_{(i)}$ 和 $X_{(j)}$ 之间的距离,当样品间的亲疏关系采用相似系数 C_{ij} 时,令 $d_{ij}=1-|C_{ij}|$(或 $d_{ij}^2=1-C_{ij}^2$);用 D_{ij} 表示类 D_i 和 D_j 间的距离。

a. 最短距离法(SINgle linkage)。

类与类之间的距离定义为两类中相距最近的样品间的距离,即类 G_p 和 G_q 之间的距离 D_{pq} 定义为:

$$D_{pq}=\min_{i\in G_p,j\in G_q} d_{ij}(\text{这里 } i\in G_p \text{ 表示 } X_i\in G_p,\text{以下同})。$$

当某聚类 G_p 和 G_q 合并为 G_r 后,按最短距离法计算新类 G_r 与其他类 G_K 的类间距离,其递推公式为:

$$\begin{aligned} D_{rk} &= \min_{i\in G_r,j\in G_k} d_{ij}(G_r=\{G_p,G_q\}) \\ &= \min\{\min_{i\in G_p,j\in G_k} d_{ij},\ \min_{i\in G_q,j\in G_k} d_{ij}\} \\ &= \min\{D_{pK},D_{qK}\}\ (K\neq p,q) \end{aligned} \tag{5-12}$$

b. 最长距离法(COMplete method)。

类与类之间的距离定义为两类中相距最远的样品间的距离,即类 G_p 和 G_q 之间的距离 D_{pq} 定义为:

$$D_{pq}=\max_{i\in G_p,j\in G_q}\{d_{ij}\} \tag{5-13}$$

当某聚类 G_p 和 G_q 合并为 G_r 后,按最长距离法计算新类 G_r 与其他类 G_K 的类间距离,其递推公式为:

$$D_{rK}=\max\{D_{pK},D_{qK}\} \qquad (K\neq p,q) \tag{5-14}$$

最长距离法即为两类合并后的新类与其他类的距离是原来两类的类间距离的最大者,它加大了合并后的类与其他类的距离,具有空间距离扩张性质。

c. 中间距离法(MEDian method)。

如果类与类之间的距离既不采用两类之间的最近距离,也不采用最远的距离,而是采用介于这两者间的距离,这种方法则称为中间距离法。

当某步聚类 G_p 和 G_q 合并为 G_r 后,按中间距离法计算新类 G_r 与其他类 G_K 的类间距离,其递推公式为:

$$D_{rK}=\frac{1}{2}(D_{pK}^2+D_{qK}^2)+\beta D_{pq}^2 \qquad (-1/4\leqslant\beta\leqslant 0,K\neq p,q) \tag{5-15}$$

常取 $\beta=-1/4$,此时由初等集合知,D_{rK} 就是以 D_{qK},D_{pK},D_{pq} 为边的三角形中 D_{pq} 边上的中线。

d. 重心法(CENtroid method)。

以上三种方法在定义类与类之间距离时,没有考虑每一类中所包含的样品或指标个数。如果将两类间的距离定义为两类重心间的距离,则称为重心法。对样品或指标分类时,每一类的重心就是属于该类样品或指标的均值。

若某一步骤将 G_p 和 G_q 合并为 G_r 后,它们所包含的样品或指标个数分别为 n_p,n_q 和 n_r($n_r = n_p + n_q$)。各类的重心分别为 $\overline{X}^{(p)}$,$\overline{X}^{(q)}$ 和 $\overline{X}^{(r)}$。显然有:

$$\overline{X}^{(r)} = \frac{1}{n_r}(n_p\overline{X}^{(p)} + n_q\overline{X}^{(q)}) \tag{5-16}$$

设某一类 $G_K(K\neq p,q)$ 的重心为 $\overline{X}^{(K)}$,它与新类 G_r 的距离是:

$$D_{rK} = d\{\overline{X}^{(r)},\overline{X}^{(K)}\} \tag{5-17}$$

如果样品或指标间的距离定义为欧式距离,把 $\overline{X}^{(r)}$ 式带入上式,则有:

$$\begin{aligned} D_{rK}^2 &= (\overline{X}^{(K)} - \overline{X}^{(r)})'(\overline{X}^{(K)} - \overline{X}^{(r)}) \\ &= \left[\frac{n_p}{n_r}(\overline{X}^{(K)} - \overline{X}^{(p)}) + \frac{n_q}{n_r}(\overline{X}^{(K)} - \overline{X}^{(q)})\right]' \\ &\quad \cdot\left[\frac{n_p}{n_r}(\overline{X}^{(K)} - \overline{X}^{(p)}) + \frac{n_q}{n_r}(\overline{X}^{(K)} - \overline{X}^{(q)})\right] \\ &= \frac{n_p}{n_r}D_{pK}^2 + \frac{n_q}{n_r}D_{qK}^2 - \frac{n_p}{n_r}\frac{n_q}{n_r}D_{pq}^2 \qquad (K \neq p,q) \end{aligned} \tag{5-18}$$

公式(5-18)就是当样品或指标间距离取为欧式距离时,合并后新类与其他类距离平方的递推公式。如果样品或指标间的距离不是欧式距离,根据不同情况可导出不同的递推公式。

e. 类平均法(AVErage linkage)

重心法虽然有较好的代表性,但并未充分利用各个样品或指标的信息,因而有人提出用两类样品或指标两两之间平均距离作为类之间的距离,即:

$$D_{pq}^2 = \frac{1}{n_p n_q}\sum_{i\in G_p,j\in G_q} d_{ij}^2 \tag{5-19}$$

当某步骤将类 G_p 和 G_q 合并为 G_r:$G_r = \{G_p,G_q\}$,且 $n_r = n_p + n_q$。则 G_r 与其他类 G_K 距离平方的递推公式为:

$$D_{rK}^2 = \frac{n_p}{n_r}D_{pK}^2 + \frac{n_q}{n_r}D_{qK}^2 \qquad (K \neq p,q) \tag{5-20}$$

类平均法是一种使用比较广泛、聚类效果较好的方法。

f. 离差平方和法(WARD)

离差平方和是 Ward(1936)提出的,也称为 Ward 法,它基于方差分析思想,如果类划分的正确,则同类样品或指标之间的离差平方和应当较小,不同类之间的离差平方和应当较大。

假定已将 n 个样品或指标分为 k 类,记为 $G_1,G_2,\cdots,G_K$,n_t 表示 G_t 类样品个数,$\overline{X}^{(t)}$ 表示 G_t 的重心,$\overline{X}_i^{(t)}$ 表示 G_t 中第 i 个样品或指标($i = 1,2\cdots,n_t$),则 G_t 中样品或指标的离差平方和为:

$$W_t = \sum_{i=1}^{n_t}(X_{(i)}^t - \overline{X}^{(t)})'(X_{(i)}^t - \overline{X}^{(t)}) \tag{5-21}$$

其中 $X_{(i)}^t$,$\overline{X}^{(t)}$ 为 m 维向量,W_t 为一数值($t = 1,2,\cdots,K$)。

K 个类的总离差平方和为:

$$W = \sum_{t=1}^{K} W_t = \sum_{t=1}^{K} \sum_{i=1}^{n_t} (X_{(i)}^{t} - \overline{X}^{(t)})'(X_{(i)}^{t} - \overline{X}^{(t)}) \tag{5-22}$$

当 K 固定时,要选择使 W 达到极小的分类。

Ward 法把某两类合并后增加的离差平方和看成为类间的平方距离,即令:

$$D_{pq}^2 = W_r - (W_p - W_q) \tag{5-23}$$

表示类 G_p 和 G_q 的平方距离,其中 $G_r = \{G_p, G_q\}$,W_r, W_p, W_q 分别为 G_r, G_p, G_q 类中样品或指标的离差平方和。利用 W_r 的定义,可得:

$$\begin{aligned} W_r &= \sum_{t=1}^{n_r} (X_{(t)}^{(r)} - \overline{X}^{(r)})'(X_{(t)}^{(r)} - \overline{X}^{(r)}) \\ &= \sum_{i=1}^{n_p} (X_{(i)}^{p} - \overline{X}^{(r)})'(X_{(i)}^{p} - \overline{X}^{(r)}) + \sum_{i=1}^{n_q} (X_{(i)}^{q} - \overline{X}^{(r)})'(X_{(i)}^{q} - \overline{X}^{(r)}) \end{aligned} \tag{5-24}$$

其中 $\overline{X}^{(r)} = \frac{1}{n_r}(n_p \overline{X}^{(p)} + n_q \overline{X}^{(q)})$。经整理可得:

$$D_{pq}^2 = \frac{n_p n_q}{n_r}(\overline{X}^{(p)} - \overline{X}^{(q)})'(\overline{X}^{(p)} - \overline{X}^{(q)}) \tag{5-25}$$

当距离采用欧式距离时,上式可表示为:

$$D_{pq}^2 = \frac{n_p n_q}{n_r} d_{pq}^2 \tag{5-26}$$

其中 d_{pq} 表示 G_p, G_q 的重心 $\overline{X}^{(p)}$ 和 $\overline{X}^{(q)}$ 的平方距离:

$$d_{pq}^2 = d^2(\overline{X}^{(p)}, \overline{X}^{(q)}) \tag{5-27}$$

这表明此时 Ward 法定义的类间距离与重心法只相差一个常数倍。

当 G_p 和 G_q 合并为 G_r 后, G_r 与其他类 G_K 的距离,有如下递推公式:

$$D_{rK}^2 = \frac{n_K + n_p}{n_r + n_K} D_{pK}^2 + \frac{n_K + n_q}{n_r + n_K} D_{qK}^2 - \frac{n_K}{n_r + n_K} D_{pq}^2 \tag{5-28}$$

在实际应用中,离差平方和法应用比较广泛,分类效果较好。但它要求样品或指标间距离必须是欧式距离。

③动态聚类法。

系统聚类法一次形成类以后就不能改变了,这就要求分类分的比较准确,同时相应的计算量也较大。当样本或指标容量较大时,需要占据足够大的计算机内存空间;而在合并过程中,需要将距离逐一加以比较,以决定应合并的类别,故需要较多的计算时间。所以对大样本或指标容量较大的问题,系统聚类法可能会因计算机内存或者计算时间的限制而无法进行,这给应用带来了一定的不便,基于这种情况,产生了动态聚类法。

动态聚类法又称为逐步聚类法,其基本思想是,开始粗略的分一下类,然后按照某种最优的原则修改不合理的分类,直到类分的比较合理为止。这样就形成了一个最终的分类结果。该方法具有计算量较小,占用计算机内存空间较少,方法简单的优点,其逻辑图如图 5-5 所示。

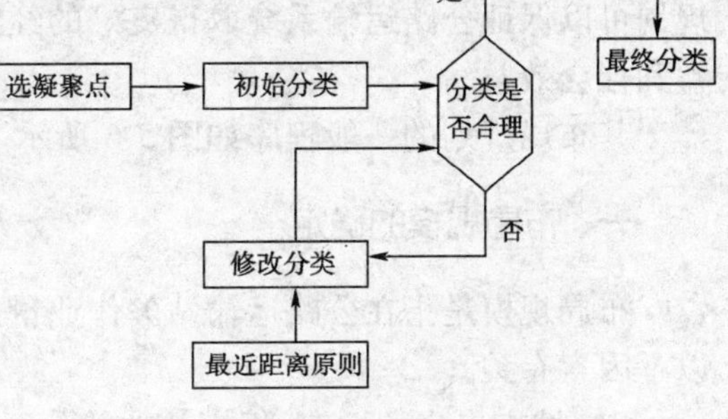

图 5-5　动态聚类法聚类逻辑图

粗略分类简称为初始分类,有时需要先选一

批“凝聚点”，然后让样品或指标向最近的凝聚点聚集，这样由凝聚点聚集形成的类，就是初始分类。

凝聚点就是一批有代表性的点，是欲形成类的重心的点。凝聚点的选择就是直接决定初始分类，对分类结果也有较大影响。由于凝聚点的不同选择，其最终分类结果也将出现不同，故选择时要慎重。通常选择凝聚点有以下方法。

a. 人为选择：当人们对所欲分类的问题有一定了解时，根据经验，预先确定分类个数和初始分类，并从每一类中选择一个有代表性的样品作为凝聚点。

b. 将所有样品人为的分为 k 类，计算每一类的重心，并将这些重心作为凝聚点。

c. 用密度法选择凝聚点：以某个正数 d 为半径，以每个样品为球心，落在这个球内的样品数（不包括作为球心的样品）就叫作这个样品的密度。计算所有样品点的密度后，首先选择密度最大的样品作为第一凝聚点，并且人为地规定一个正数 D（一般 $D > d$，常取 $D = 2d$）。然后选出次大密度的样品点，若它与第一个凝聚点的距离大于 D，则将其作为第二凝聚点；否则舍去此点，再选密度次于它的样品。这样，按密度大小依次考察，直至全部样品考察完毕为止。此方法中，d 要给的合适，过大则使凝聚点个数太少，过小则使凝聚点个数太多。

确定初始分类常用的方法是：选择凝聚点后，每个样品或指标按与其距离最近的凝聚点归类。归类后，重新计算该类的重心，以此重心代替原来的凝聚点而成为新凝聚点。

修改分类原则常采用按批修改法，其步骤是按就近原则将每个样品或指标向新凝聚点归类，形成又一个分类方案，反复迭代，直至所有的新凝聚点与前一次的旧凝聚点重合，则聚类过程中止。有时不绝对要求这个过程收敛，而是人为规定这个修改过程重复若干次即可。

动态聚类方法也存在一定的局限性，就是分类结果很大程度上依赖于最初凝聚点的选择，初始凝聚点选择不同，分类结果则不同，这就要求初选凝聚点时要特别慎重。另外该方法属于迭代方法，从数学角度应验证其迭代的收敛性。

第三节　公路运输枢纽微观布局规划方法

前已叙述公路运输枢纽微观布局规划是指在枢纽城市内公路运输站场总体布局规划。布局的含义包括散着排列、布置安排的意思，而规划一般指超过5年的大致计划。因此公路运输枢纽微观布局规划是指公路运输枢纽站场在规划区域内超过5年以上的地理分布安排及建设发展计划。科学合理的公路运输枢纽站场布局规划可以保证公路运输系统取得良好的经济效益和社会效益。

其布局规划的一般程序如图5-6所示。

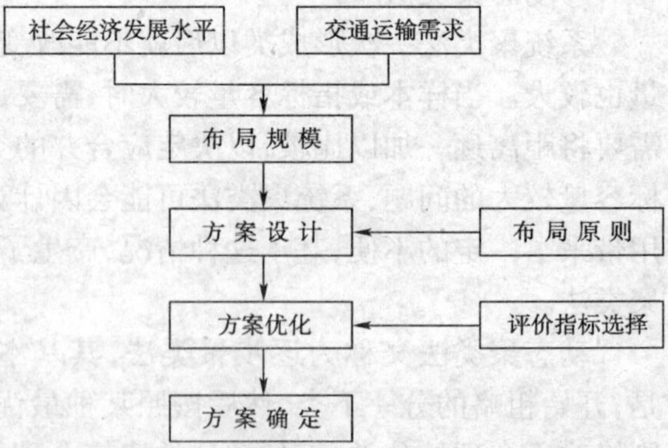

图5-6　公路运输枢纽微观布局规划流程图

一、布局规模的确定

布局规模是指在公路运输站务作业量预测基础上应确定的枢纽站个数 n。布局规模常与以下因素有关：

（1）城市未来的形态、规模及功能分区；

（2）不同站务作业量货类及旅客构成；

(3)干线公路网的布局密度及城市主要对外交通方向；

(4)专业站与综合站合理配置原则；

(5)不同类型(单个)枢纽站的合理建设规模。

枢纽站布设个数 n 值过小，将会造成客货流集疏不畅通，旅客和货主均感不便，同时也易造成单个枢纽站规模过大，微观上不易管理，成本较高；枢纽站布设个数 n 值过大，将会过度分散运输需求，不易形成经济、合理的站场规模，同时对站场的宏观管理也造成一定的困难。

确定 n 的大小有二种途径，即计算法和经验法。

1. 计算法

设枢纽站总生产纲领为 Q(一般由站务作业量预测给出)，其中第 i 个枢纽站的生产纲领为 Q_i，共有 n 个枢纽站，则有：

$$Q = Q_1 + Q_2 + \cdots + Q_n = \sum_{i=1}^{n} Q_i \tag{5-29}$$

令：

$$Q_i = \beta_i Q$$

式中：β_i——第 i 个枢纽站分配系数，$\beta \leqslant 1$，且 $\sum_{i=1}^{n} \beta_i = 1$。

β_i 主要由以下几个因素确定：

(1)本地区对外交通量、运输流量及流向预测比例；

(2)枢纽站的性质、功能；

(3)枢纽站的经济规模或合理规模；

(4)枢纽站服务区域范围及站场间最佳距离；

(5)枢纽站用地限制。

初步确定分配系数 β_i 后即可求出枢纽站个数 n。当然在随后的枢纽站布局规划过程中还可根据需要适当调整 n 的大小，但不宜有较大变化。

另外还可用下列公式估算 n 的大小：

$$n = \frac{Q}{R} \tag{5-30}$$

式中：Q——枢纽站总站务作业量(人/日，吨/日)；

R——平均单个枢纽设计能力(人/日，吨/日)。

Q 值可由预测结论得出，R 值取值：客运枢纽站一般 $R_{客} = 0.5$ 万人/日 ~ 2 万人/日，最大不宜超过 3 万人次/日；货运枢纽站一般 $R_{货} = 1\,000$t/日 ~ 3 000t/日，最大不宜超过 5 000t/日。

2. 经验法

据经验，规划区域内人口在 30 ~ 60 万人，客流密度每昼夜 30 万人公里/km^2 的小区可设置一个客运枢纽站；货物吸引与发生总量 10 万 t 的小区可设置一个货运枢纽站。划分小区时，可根据城市主要出入干道的位置、数目及发展变化，主要客货源吸引和发生情况分布，城市土地使用特征，功能分区，现有站场的分布状况等客观因素进行划分，划分的每个小区应至少包括城市的一条主要交通干道。

在布局方案规划设计中还可根据不同的约束条件设计若干个 n 值，如根据站务作业量预测结果有高、中、低方案；达到某种经济效益指标的好、中、差方案；发展到某种规模的大、中、小方案；针对地区经济发展水平，站场能力相应达到完全适应、适应、基本适应、不适应、很不适应等等方案，在以后的方案优化过程通过进一步论证，以得到相对满意的 n 值。

二、布局原则

客运枢纽站与货运枢纽站的布局原则有同有异。相同的原则是：

（1）联运原则，为其他运输方式的集疏运服务，公路运输枢纽站布局应靠近铁路车站、水运码头和公交枢纽；

（2）满足需求原则：枢纽站规划建设总规模应与预测的站务作业量相吻合；各枢纽站的单体规模应与客货的流量、流向相协调；

（3）新旧兼容原则与节约原则；

（4）与干线公路规划相配合的原则；

（5）效益原则，如需求大、效益好的枢纽站可优先考虑；

（6）轻重缓急原则，如兼顾近期与远期需求；

（7）与城市规划相协调的原则，如需与城市产业区与居民居住区布局规划相协调，以及枢纽站用地的可能性；

（8）生态环境保护原则。

客货运枢纽站的原则不同之处是：货运枢纽站应尽量布置在城市外环线以外（如在城市外环线与国道主干线相交汇处），考虑货运交易市场、配载中心、商品市场对公路货运的需求，并应预留较大面积的土地以备扩充；客运枢纽站的布局应把方便旅客出行与换乘放在第一位，在铁路车站和水运码头近处需有客运站或发车点，客运枢纽站布点要比货运枢纽站多一些、分散些。

三、布局规划设计方法

枢纽站布局规划方案设计是在预测的站务作业量基础上，根据规划地理范围内客货流量、流向特点以及规划区域内各小区的功能、对外通道分布等特征，确定枢纽站的空间分布、功能、服务范围和规模大小。

规划方案设计应有一定的超前性。因为从规划到实施，一般至少要经过 5 年或更长的时间才能形成并达到规划的生产能力。能力的扩展在时间上必须考虑与当地经济发展的波动规律相适应。另外枢纽站规划建设属于基础设施的投入，适当超前可为加快经济发展服务。

枢纽站布局规划设计的任务主要是确定枢纽站空间分布及各枢纽站规模大小。

确定 n 值后，可将规划区域划分成 n 个小区进行枢纽站的布置安排。划分小区时，每个小区至少应包括一条主要交通干道。小区划分后，即可用下列常规方法确定小区内规划站点位置。

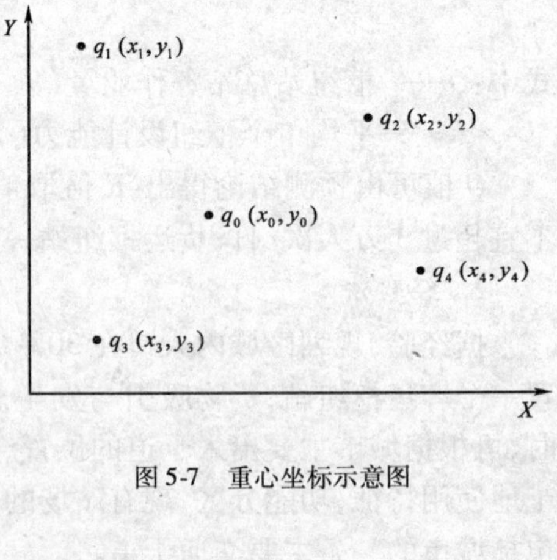

1. 重心法

设某个小区规划站场生产纲领为 q_0，该小区内各客户点坐标如图 5-7 所示，则规划枢纽站坐标应为：

图 5-7　重心坐标示意图

$$X_0=\frac{\sum_{i=1}^{n}q_iX_i}{\sum_{i=1}^{n}q_i},\quad Y_0=\frac{\sum_{i=1}^{n}q_iY_i}{\sum_{i=1}^{n}q_i} \tag{5-31}$$

式中：X_0、Y_0——规划枢纽站坐标；

X_i、Y_i——小区内客户服务点 i 坐标；

q_i——小区内客户服务点 i 供应量。

2. 线性规划法

在确定枢纽站最佳位置时，可采用线性规划中的“运输问题”求解。

设规划区域内枢纽需要服务的客户点为 i，可以设枢纽的节点为 j（备选枢纽点），则目标函数即总费用 C 的最小值为：

$$\min C = \sum_{i=1}^{n}\sum_{j=1}^{m}(C_j^m + h_{ij})X_{ij} \tag{5-32}$$

式中：C_j^m——第 j 个枢纽站平均单位成本，含建设成本和使用成本；

h_{ij}——第 i 个客户点与第 j 个枢纽站之间的单位运输费用；

X_{ij}——第 i 个客户点与第 j 个枢纽站之间的运输量；

n——客户点个数，$i=1,2,\cdots\cdots,n$；

m——备选枢纽站个数，$j=1,2,\cdots\cdots,m$。

上述目标函数的约束条件为：

$$\sum_{j=1}^{m} X_{ij} = A_i \tag{5-33}$$

$$\sum_{i=1}^{n} X_{ij} = B_j \tag{5-34}$$

式中：A_i——第 i 个客户点的总运输量，含需求量和供给量；

B_j——第 j 个枢纽站点的生产纲领，即站点规模。

$$\sum_{j=1}^{m} B_j = \sum_{i=1}^{n} A_i \tag{5-35}$$

决策变量为 X_{ij}，若 $B_j=0$，则第 j 枢纽点没有被选中；若 $B_j>0$，则第 j 个枢纽站规模即为 B_j。

解上述数学模型可采用表上作业法、标号法或单纯形法等，也可借助计算机求解，以确定规划区域内规划站场具体位置和其规模。

这种方法由于数据的不易获得或不确定性，实际上很少采用。同时，这是一种微观的方法，而枢纽站布局问题对于城市规划而言是一个宏观问题，对于具体的选址和效益分析，又是一个微观的问题，因此采用宏观与微观相结合的方法比较适宜。

3. 目的规划法

目的规划法是对规划方案中的不同目标设立不同的目标值，然后通过数学模型（常用平方和法）求解，使解得的结果与原来的目标值距离最小。

设 $F_j(o)$ 是方案的第 j 个目标，$F_j(x)$ 为该目标希望达到的值，则评价函数：

$$U(x) = \left[\sum_{j=1}^{m}(F_j(x) - F_j(o))^2\right]^{\frac{1}{2}} \tag{5-36}$$

使 $U_{(x)}$ 达到最小的解，就是多目标规划方案的最优解。

如设（x_i，y_i）点运输量为 Q_i，每吨公里运费为 C_e，与枢纽点距离为 L_i，则总运费为：

$$C = \sum_{i=1}^{n} C_e \cdot Q_i \cdot L_i \tag{5-37}$$

L_i 以坐标形式表示为：

$$L_i = [(x_i - x)^2 + (y_i - y)^2]^{\frac{1}{2}} \tag{5-38}$$

将公式(5-38)代入公式(5-37)得:

$$C = \sum_{i=1}^{m} C_e Q_i [(x_i - x)^2 + (y_i - y)^2]^{\frac{1}{2}} \tag{5-39}$$

式中:x_i、y_i——客户点 i 的坐标位置;

x、y——枢纽站的坐标位置。

为求枢纽站的最佳位置,对运输总费用公式求极值:

$$\frac{\partial c}{\partial x} = \sum_{i=1}^{n} C_e Q_i K \frac{-(x_i - x)}{[(x_i - x)^2 + (y_i - y)^2]^{\frac{1}{2}}} = 0$$

即:

$$\sum_{i=1}^{n} \left\{ \frac{C_e Q_i x}{[(x_i - x)^2 + (y_i - y)^2]^{\frac{1}{2}}} \right\} = 0$$

故

$$x = \frac{\sum_{i=1}^{n} \{C_e Q_i x_i / [(x_i - x)^2 + (y_i - y)^2]^{\frac{1}{2}}\}}{\sum_{i=1}^{n} \{C_e Q_i / [(x_i - x)^2 + (y_i - y)^2]^{\frac{1}{2}}} \tag{5-40}$$

同理,对 y 进行偏微分令其等于零得:

$$\frac{\partial c}{\partial y} = \sum_{i=1}^{n} C_e Q_i \frac{-(y_i - y)}{[(x_i - x)^2 + (y_i - y)^2]^{\frac{1}{2}}} = 0$$

化简成代数式后得:

$$y = \frac{\sum_{i=1}^{n} \{C_e Q_i y_i / [(x_i - x)^2 + (y_i - y)^2]^{\frac{1}{2}}\}}{\sum_{i=1}^{n} \{C_e Q_i / [(x_i - x)^2 + (y_i - y)^2]^{\frac{1}{2}}\}} \tag{5-41}$$

将求得的 x、y 值代入运输费用公式,即可得到最低运输费用。但因 x 及 y 不是自变量,不能直接求解,所以要用迭代法求解。方法是将求出的 x_0、y_0 代入公式求出 x_1、y_1 后,组成一组新的枢纽站位置坐标,再输入到下一次替换数据求出 x_2、y_2;这样一次一次替换求下去,直到坐标值重复出现为止。此时即为运输费用最低时的 x、y 点的最佳值,即枢纽站应设置的坐标位置。

此种方法同线性规划方法特点一致,基础数据取得有一定的困难。

4. 经验法

(1)集中型布局。

公路运输站场集中型布局是将客、货运的专项运输,中转换乘、多式联运、通信邮电、信息咨询、综合服务等诸多功能融为一体,集中进行规划的一种布局方案。

集中型布局方式站场数目较少,而为站场服务的网点即受理点或代办点较多。其主要优势在以下几个方面。

①站场规模大。

站场规模达到一定水平,易形成经济规模效益,以降低成本,便于取得良好的经济效益。

②站场功能完善,集合性强。

因站场具有一定规模,必然具备诸如运输组织管理、中转换装换乘、装卸储存、多式联运、通信信息及生产生活辅助服务功能。因此,易形成综合性业务站场体系,将有关业务相对集中,设施设备统筹规划建设和应用,以满足用户需求。

③投资集中运用。

因站场数目相对较少,可以集中有效资金相对集中投入使用,可显著提高投资和资金的运用效益。

集中性布局方式对较短的运营半径显得灵活性不足。同时站场规模过大对交通环境条件要求较高。

(2)分散型布局。

公路运输站场分散型布局是指根据规划区域的地理形状,按照所划成的客、货运小区将站场分散布置在城市主干道出入口附近,便于旅客和货物集中和疏散的一种方案。

分散型布局方式一般站场的数目相对较多(与集中式比较),其主要优势在以下几个方面。

①经营灵活方便。

因站场分散布设,且数目相对较多,服务面宽,经营方式灵活,站内便于管理,服务易专业化,服务质量便于提高,也给用户提供了方便。

②站场新旧兼容。

分散型布局可以将历史上已形成或初具规模的站场充分利用、改造或扩建,可以用较少的资金投入,较短的建设周期实现新旧站场的并网接轨。

分散性布局方式存在服务交叉现象,各站之间相互协作方面的工作较繁重。

(3)功能对口型布局。

公路运输站场功能对口型布局是根据规划区域城市内客运、货运类别,如长途、短途,快速、普通,零担、集装箱、特种运输等,选择客货源点集中、量较大的位置设置枢纽站,从总体上满足功能对口,便于各站场建成后功能得到充分发挥。而对于相对分散的区域客户,可建立若干服务代理网点与之配套规划建设。

功能对口型布局方式枢纽站专业性较强,综合性稍差,缺乏灵活性。

(4)辐射型布局。

公路运输站场辐射型布局是根据调查和预测的客货流量、流向分布情况,结合公路网和城市道路网骨架的主要辐射方向,确定与之相适应的布设方式。一般情况下,枢纽站布局在城市的环线附近,客运站可靠近内环线;货运站可靠近外环线。

辐射型布局方式便于客货流中转换装换乘,减少进入城市中心的车流,集团化程度高,管理方便。

辐射型布局方式对旅客和货物的接力运输要求较高,不易形成"门到门"运输。

需要指出的是:城市地形地貌的不同决定了枢纽站布局的可能性各不相同。内陆平原地区的城市东南西北各个方向均可布点;而有的城市位于丘陵地区,一边或数边有高山或河流阻隔,枢纽站的布局可能偏于城市的一隅或数隅;沿海岛屿与半岛型城市,往往只有一个方向通向内陆,其枢纽站布局则受此地理因素影响。如岛屿型城市与沿海地区的公路联系主要通过陆桥,陆桥位置及未来新桥建设的位置与枢纽站布局的关系比较密切;被江河隔成几部分的城市,新桥的建设将会影响客货集散地的分布,因此要充分考虑这一因素;有的城市地形如"一条扁担挑两头",或称哑铃型,则其枢纽站布局也随之应分布于两头。总之,站点的布局要因地制宜。

第四节　选址模型及算法

随着数学建模技术和计算机技术的发展和应用,越来越多的枢纽规划实际问题在一定假设前提下通过数学建模得到了很好的解决。

设施节点的选址决策是指确定所要规划的设施数量、位置以及客户分配方案,因此公路运输枢纽站场节点的确定问题可以看成是设施节点的选址问题。国内外已经有很多的学者开始研究用数学建模来解决设施布局问题,如连续型定位模型、网络型定位模型、混和整数规划模型等。

一、连续型定位模型

该模型有两个基本属性,一是解空间在规划区域内可以是任何点;二是点之间距离由一个合适的矩阵表示。

连续型定位模型需求出 p 个设施点的坐标 $(x,y)\in R^P\times R^P$,其目标函数是使设施点至 m 个给定的客户点之间距离之和最小。

Weber 问题就是著名的单设施定位问题(The Subject of the Weber Problem, *SWP*),其数学模型如下:

目标函数:

$$v(SWP) = \min\sum_{k\in K} w_k d_k(x,y) \tag{5-42}$$

$$d_K(x,y) = \sqrt{(x-a_k)^2+(y-b_k)^2}$$

(a_k,b_k)是给定的客户需求点 k 的坐标,w_k 是权系数。

以上模型运用迭代法可以有效地求出枢纽设施坐标(x,y)。

多枢纽设施定位问题可看作是 Weber 问题的扩展(Multi-source Weber Problem, *MWP*),其数学模型如下:

目标函数:

$$v(MWP) = \min\sum_{k\in K}\sum_{j=1}^{p}(w_k d_k(x,y))z_{kj} \tag{5-43}$$

约束条件:

$$\sum_{j=1}^{p} z_{kj} = 1 \qquad \forall k\in K \tag{5-44}$$

$$z_{kj}\in(0,1) \qquad \forall k\in K \quad j=1,2,\cdots,p \tag{5-45}$$

$$x,y\in R^P \tag{5-46}$$

z_{kj}为 1 表示客户 k 由设施 j 服务,否则 z_{kj}为 0,p 为设施个数。

上述模型是典型的 NP-hard 问题,可用精确解法或启发式解法给予求解。

精确重心法是一种以微积分为基础的求解算法,用来找出起讫点之间使运输成本最小的设施节点数量。若确定的设施节点数量不止一个,就有必要将起讫点预先分配给位置待定的设施节点,这就形成了个数等于待定选址节点数量的许多起讫点群落,之后找出每个起讫点群落的精确重心点。

算法思想:

(1)把相互间距离最近的起讫点结合起来形成群落，运用精确重心法找出各种群的精确重心，作为设施节点的初始方案；

(2)根据初始方案，按照距离最近原则重新分配起讫点形成新群落；

(3)根据精确重心法重新计算群落的精确重心，作为新的设施节点方案；

(4)重复(2)，直到群落无变化为止。

该方法也可以针对不同数量的设施节点重复计算操作过程，求出最优设施节点数量、位置。

随着节点数量的增加，运输成本通常会下降。与运输成本下降相平衡的是设施系统中总固定成本和库存持有成本的上升。最优解是指使所有这些成本之和最小的解。

如果存在能够评估所有分配起讫点群落的方法，那么该选址方法是最好的。尽管如此，就实际问题的规模(起讫点过多)而言，在计算上是不实现的。即便预先将大量客户分配给很少的几个设施节点，也是一件及其庞杂的工作。因此，还需要使用其他选址方法。

二、网络定位模型

网络枢纽设施定位问题可用P-中值问题的模型求解(P-median Problem, *PMP*)，其数学模型如下：

目标函数：

$$v(PMP) = \min \sum_{k \in K} \sum_{j \in J} (W_k d_{kj}) Z_{kj} \tag{5-47}$$

约束条件：

$$\sum_{j \in J} z_{kj} = 1 \qquad \forall k \in K \tag{5-48}$$

$$z_{kj} - y_j \leqslant 0 \qquad \forall k \in K, \forall j \in J \tag{5-49}$$

$$\sum_{j \in J} y_j = P \tag{5-50}$$

$$z_{kj}, y_j \in (0,1) \qquad \forall k \in K, \forall j \in J \tag{5-51}$$

K为客户节点集合，J为潜在设施点集合，z_{kj}，y_j均为0、1变量，P为枢纽设施点个数，z_{kj}含义如前所述，y为1则表示选中的设施节点，否则为0。其中目标函数式(5-47)表示选中的设施点到所服务的需求点之间的距离之和最小，约束条件式(5-48)保证客户节点的需求被满足，式(5-49)使设施的定位与分派的任务具有一致性，式(5-50)确定了设施点的数量，式(5-51)表示z_{kj}，y_j是{0,1}变量。

还有一个P-中心问题数学模型可以应用(P-Center Problem, *PCP*)，其数学模型如下：

目标函数：

$$v(PCP) = \min r \tag{5-52}$$

约束条件：

$$r - \sum_{j \in J} w_k d_{kj} z_{kj} \geqslant 0 \qquad \forall k \in K \tag{5-53}$$

$$\sum_{j \in J} z_{kj} = 1 \qquad \forall k \in K \tag{5-54}$$

$$z_{kj} - y_j \leqslant 0 \qquad \forall k \in K, \forall j \in J \tag{5-55}$$

$$\sum_{j \in J} y_j = P \tag{5-56}$$

$$z_{kj}, y_j \in (0,1) \qquad \forall k \in K, \forall j \in J \tag{5-57}$$

r 为枢纽设施区域服务半径。

其中目标函数式(5-52)表示要求得设施点最小的服务半径,约束条件式(5-53)表示设施点的服务半径不小于客户需求点到被选中设施点的距离,式(5-54)、(5-55)、(5-56)、(5-57)与上述 *PMP* 模型中的含义一致。

上述模型往往可以转化为集合覆盖数学模型求解。集合覆盖模型的目标是用尽可能少的设施覆盖所有的客户需求点,相应的目标函数可以表达为:

目标函数:

$$\min \sum_{j \in N} x_j \tag{5-58}$$

约束条件:

$$\sum_{j \in B(i)} y_{ij} = 1 \qquad i \in N \tag{5-59}$$

$$\sum_{j \in A(j)} d_i y_{ij} \leqslant C_j x_j \qquad j, i \in N \tag{5-60}$$

$$x_j, y_{ij} \in \{0,1\} \qquad i, j \in N \tag{5-61}$$

式中:N——客户需求点数,$N=1,2,,n$;

d_i——第 i 个客户需求点的需求量;

C_j——设施节点 j 的容量;

$A(j)$——设施节点 j 所覆盖的客户需求节点的集合;

$B(i)$——$B(i)=\{j|ii \in A(j)\}$,可以覆盖客户需求节点 i 的设施节点的集合;

x_j——$x_j=1$ 表示第 j 个客户需求点被选为设施节点,否则没有被选中;

y_{ij}——$y_{ij}=1$ 表示第 j 个设施节点为第 i 个客户需求点服务,否则不为其服务。

对此类带有约束条件的极值问题,有两大类方法可以进行求解。一是应用分支定界求解的方法,能够找到小规模问题的最优解,由于运算量方面的限制,一般也只适用于小规模问题的求解;二是启发式算法,所得到的结果不能保证是最优解,但是可以保证是可行解,对大型问题进行的分析、求解用启发式算法可以大大减少运算量。

对有限的设施节点选址,为尽可能多的区域提供服务,即在给定数量的设施节点前提下,覆盖尽可能多的服务区域和客户需求点。

目标函数:

$$\max \sum_{j \in N} \sum_{i \in A(i)} d_i y_{ij} \tag{5-62}$$

约束条件:

$$\sum_{j \in B(i)} y_{ij} \leqslant 1 \qquad i \in N \tag{5-63}$$

$$\sum_{i \in A(j)} d_i y_{ij} \leqslant C_j X_j \qquad j \in N \tag{5-64}$$

$$\sum_{j \in N} X_j = P \tag{5-65}$$

$$X_j, y_{ij} \in \{0,1\} \qquad i, j \in N \tag{5-66}$$

式中 :N——客户需求点数,$N=1,2,\cdots,n$;

d_i——第 i 个客户需求点的需求量;

C_j——设施节点 j 的容量;

$A(j)$——设施节点 j 所覆盖的客户需求节点的集合;

$B(i)$——$B(i)=\{j|ii\in A(j)\}$，可以覆盖客户需求节点 i 的设施节点的集合；

P——允许建造的设施节点数目；

x_j,y_{ij} 含义与前述相同。最大覆盖模型可以采用贪婪启发式算法进行求解，该算法首先求出可以作为候选点的集合，并以一个空集作为原始解的集合，然后在候选点集合中选择一个具有最大满足能力的候选点进入集合，作为二次解，如此反复，直到设施数目满足要求。

三、混和整数规划模型

只要给出一些潜在设施点，则枢纽规划问题就可归结为混和整数规划问题数学模型来予以求解。按传统分类方法一般可分成单阶段、多阶段模型，有容量约束和无容量约束模型，单维多维模型，单产品多产品模型，静态动态模型，有路线优化和无路线优化模型等。

1. 无容量约束的单阶段模型(Uncapacitated, single-stage models)

这类模型中最简单的模型就是只考虑固定成本和可变的运输成本之间的权衡。常用的模型为 *UFLP*(Uncapacitated Facility Location Problem)模型，其公式如下：

$$v(UFLP)=\min\sum_{k\in K}\sum_{j\in J}c_{kj}z_{kj}+\sum_{j\in J}f_jy_j \tag{5-67}$$

$$s.t\quad \sum_{j\in J}z_{kj}=1\qquad \forall k\in K \tag{5-68}$$

$$z_{kj}-y_j\leqslant 0\qquad \forall k\in K,\forall j\in J \tag{5-69}$$

$$0\leqslant z_{kj}\leqslant 1,0\leqslant y_j\leqslant 1\qquad \forall k\in K,j\in J \tag{5-70}$$

$$y_j\in B\,\forall j\in J \tag{5-71}$$

其中目标函数式(5-67)追求的是总成本(包括固定成本和可变的运输成本)最小化，约束条件式(5-68)表示需求点 k 需求量被满足；式(5-69)表示设施点 j 提供服务量小于 j 点的容量；式(5-70)表示需求点 k 只能由一个设施点来提供服务；式(5-71)表示 y_j 为0,1变量。

显然 *UFLP* 模型与 P 中值模型比较接近，若增加以下约束：

$$P_L\leqslant\sum y_j\leqslant P_V \tag{5-72}$$

P_L,P_V 为枢纽设施个数上下限，则两者的模型基本一致。

2. 有容量约束的单阶段模型(Capacitated, single-stage models)

若增加一个枢纽设施容量约束公式，则 *UFLP* 模型转化为有容量约束的单阶段模型(Capacitated Facility Location Problem, *CFLP*)，具体公式如下：

$$v(CFLP)=\min\sum_{k\in K}\sum_{j\in J}c_{kj}z_{kj}+\sum_{j\in J}f_jy_j \tag{5-73}$$

$$s.t.\quad \sum_{j\in J}z_{kj}=1\qquad \forall j\in K \tag{5-74}$$

$$\sum_{k\in K}d_kz_{kj}-s_jy_j\leqslant 0\qquad \forall j\in J \tag{5-75}$$

$$z_{kj}-y_j\leqslant 0\qquad \forall k\in K,\forall j\in J \tag{5-76}$$

$$\sum_{j\in J}s_jy_j\geqslant d(K) \tag{5-77}$$

$$\sum_{j\in J_q}z_{kj}\leqslant 1\qquad \forall k\in K,\forall q\in Q \tag{5-78}$$

$$0\leqslant z_{kj}\leqslant 1,0\leqslant y_j\leqslant 1,\forall k\in K,\forall j\in J \tag{5-79}$$

$$y_j\in\{0,1\}\qquad \forall j\in J \tag{5-80}$$

其中目标函数式(5-73)表示总成本包括固定成本和可变的运输成本，约束条件式(5-74)

表示 k 点需求量被满足；约束条件式(5-75)表示设施点 j 提供服务量小于 j 点的容量；约束条件式(5-76)表示设施点 j 被选中为需求点 k 服务；约束条件式(5-77)表示所有被选中的设施点的容量之和大于总需求量；约束条件式(5-78)集合 J_q 内的设施点向任意需求点 k 提供的服务量小于或等于 k 点的需求量。

上述模型在实际问题中应用时要解出一个精确解十分困难，现在流行的解法如遗传算法、禁忌搜索算法、模拟退火算法等也只能求出相对优化的满意解。

3．多阶段模型

若枢纽设施可以分成若干层次，则可以考虑使用多阶段设施定位模型。以下为两阶段带容量约束的枢纽设施定位模型。

目标函数：

$$\min \sum_{i\in I}\sum_{j\in J} t_{ij}x_{ij} + \sum_{k\in K}\sum_{j\in J} C_{kj}Z_{kj} + \sum_{j\in J} f_j y_j \qquad (5\text{-}81)$$

约束条件：

$$\sum_{j\in J} z_{kj} = 1 \qquad \forall k \in K \qquad (5\text{-}82)$$

$$Z_{kj} - y_j \leqslant 0 \qquad \forall k \in K, j \in J \qquad (5\text{-}83)$$

$$\sum_{j\in J} S_j y_j \geqslant d_k \qquad (5\text{-}84)$$

$$\sum_{k\in K} d_k Z_{kj} \leqslant S_j y_j \qquad \forall j \in J \qquad (5\text{-}85)$$

$$\sum_{j\in J} x_{ij} \leqslant P_i \qquad \forall i \in I \qquad (5\text{-}86)$$

$$\sum_{i\in I} x_{ij} = \sum_{k\in K} d_k Z_{kj} \qquad \forall j \in J \qquad (5\text{-}87)$$

$$x_{ij} - P_i y_j \leqslant 0 \qquad \forall i \in I, j \in J \qquad (5\text{-}88)$$

$$x_{ij} \geqslant 0 \qquad \forall i \in I, j \in J \qquad (5\text{-}89)$$

$$0 \leqslant Z_{kj} \leqslant 1, 0 \leqslant y_j \leqslant 1 \qquad \forall k \in K, j \in J \qquad (5\text{-}90)$$

$$y_j \in (0,1) \qquad \forall j \in J \qquad (5\text{-}91)$$

该双层模型网络构成可用图 5-8 表示。

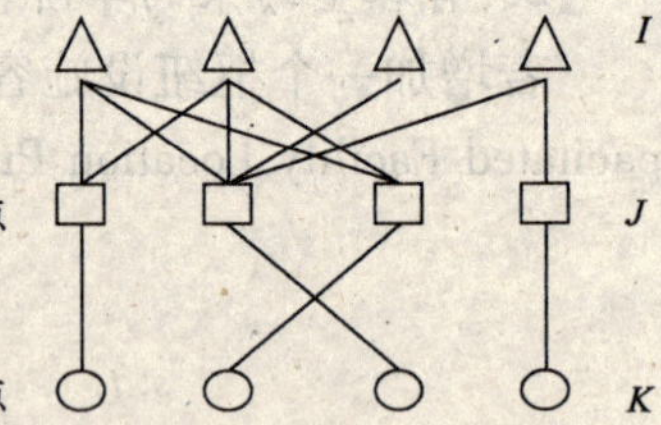

图 5-8　双层模式的枢纽设施示意图

由于该模型的复杂性，对于一定规模的节点情形必须采用启发式解法才能予以有效的求解。

除此之外，还有动态模型、随机模型、多目标模型等，可参阅有关书籍或文献。

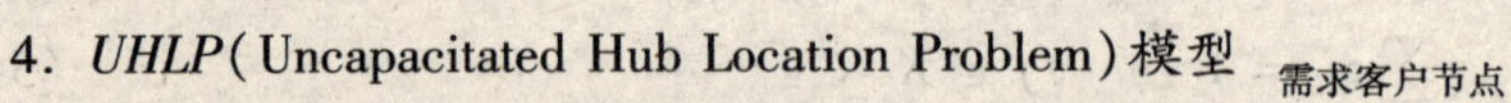
4．*UHLP*(Uncapacitated Hub Location Problem)模型

UHLP 模型是解决无容量约束的枢纽定位问题的，这个模型与其他 *PMP* 模型、*PCP* 模型的不同是设施数量不确定。其数学模型如下所述：

$$v(UHLP) = \min \sum_{i\in K}\sum_{k\in H}\sum_{m\in H}\sum_{j\in K} v_{ij}c_{ikmj}x_{ikmj} + \sum_{k\in K} f_k y_k \qquad (5\text{-}92)$$

$$s.t. \qquad \sum_{k\in H}\sum_{m\in H} x_{ikmj} = 1 \qquad \forall i,j \in K \qquad (5\text{-}93)$$

$$x_{ikmj} \leqslant y_k \qquad \forall i,j \in K; k,m \in H \qquad (5\text{-}94)$$

$$x_{ikmj} \leqslant y_m \qquad \forall i,j \in K; k,m \in H \qquad (5\text{-}95)$$

$$y_k \in (0,1), x_{ikmj} \geqslant 0 \qquad \forall i,j \in K; k,m \in H \qquad (5\text{-}96)$$

v_{ij}为流量,$c_{ikmj}=c_{ik}+\alpha c_{km}+c_{mj}$,$\alpha$ 为规模因素,$0<\alpha\leqslant 1$,c_{ikmj}为单位成本,x_{ikmj}为权系数。

其中目标函数式(5-92)表示可变运输成本与不变的固定成本之和最小,约束条件式(5-93)保证每一个需求点都被服务,式(5-94)和式(5-95)都表示使设施的定位与任务的分派具有一致性,式(5-96)表示 y_k 是 0,1 变量,x_{ikmj}表示需求点 i 到需求点 j 服务占所需服务的一个比例权重。

显然,若枢纽集合是可知的,这个模型就可以作为最短路径问题来求解;否则,就会变成一个 NP-hard 问题,常采用启发式方法求解。

四、优化方法

目前用于求解上述各类问题的数学方法主要分为精确算法和启发式算法两大类,精确算法对于求解规模节点不大的情形体现出一定的优势;而启发式算法由于其快速实用特点在近年来得到了快速发展。

精确算法包括分支界定法、切平面法等读者可参阅运筹学类书籍;常用的传统启发式算法如节约法、插入算法、扫描法等目前也有较多参考文献介绍。下面介绍几种目前流行的智能(现代)启发式算法。

1. 遗传算法

遗传算法(Genetic Algorithm,简称 GA)是由美国 Michigan 大学的 Holland 教授于 1975 年首次提出的,它的基本思想是基于 Darwin 的进化论和 Mendel 的遗传学说,借鉴自然选择和自然进化过程的原理,模拟生物在自然界中的进化过程所形成的一种优化求解方法。该方法简单通用、鲁棒性强,适于并行处理,已经广泛地应用在计算机科学、优化调度、运输问题、组合优化等领域。

GA 这种进化搜索算法已经逐渐发展成一种自然适应启发式概率性搜索方法,成为求解任意函数优化问题的强有力工具。它开创了在解空间中从多点出发搜索问题最优解的先河,可以解决组合优化问题以及目标函数或某些约束条件下不可微的非线性优化问题。遗传算法是以适应函数为依据,通过对群体中的个体施加遗传操作,实现群体内个体结构的重组,使群体内个体一代一代优化并逐渐逼近全局最优解。由于遗传算法的结构是开放的,与问题无关,所以容易和其他算法综合运用。

与传统的优化方法相比遗传算法具有以下的特点。

(1)自组织、自适应和自学习性(智能性)。应用遗传算法求解问题时,在编码方案、适应度函数及遗传算子确定后,算法将利用进化过程中获得的信息自行组织搜索。由于基于自然的选择策略为“适者生存,不适应者被淘汰”,因而适应度大的个体具有较高的生存概率。自然选择消除了算法设计过程中的一个最大障碍,即需要事先描述问题的全部特点,并要说明针对问题的不同特点算法应采取的措施。因此,利用遗传算法,可以解决那些复杂的非结构化问题,如枢纽设施定位问题。

(2)遗传算法的本质并行性。遗传算法按并行方式搜索一个种群数目的点,并不是单点。

(3)遗传算法不需要求导或其他辅助知识,而只需要影响搜索方向的目标函数和相应的适应度函数。

(4)遗传算法强调概率转换规则,而不是确定的转换规则。

(5)遗传算法可以更加直接地应用。

(6)遗传算法对给定的问题,可以产生许多的潜在解,最终选择可以由使用者确定。

尽管 GA 能够胜任任意函数、高维空间的组合优化问题，但是若遇到超大规模的优化问题，GA 的应用就收到了限制。究其原因，主要在于 GA 在进化搜索过程中，每代总要维持一定规模的群体，若群体规模太小，所包含的信息量也少，不能使算法得到充分发挥，若群体规模太大，所包含的信息量也大，但计算次数会急剧增加，因而限制了算法的使用。

GA 的另一个不足之处是“早熟”。造成这种成熟前收敛的原因，一方面是 GA 中最重要的遗传算子——交叉算子使群体中的染色体具有局部相似性，父代染色体的信息交换量小，从而使搜索停滞不前；另一方面是变异概率又太小。以至于不能使搜索转向其他的解空间进行搜索。

此外，GA 还有“爬山”能力差的弱点，这也是由于变异概率低造成的。

遗传算法的一般过程为：

编码：GA 在进行搜索之前先将解空间的解数据表示成遗传空间的基因型串结构数据，这些串结构数据的不同组合便构成了不同的解。

初始群体的形成：随机产生 N 个初始窜结构数据，每一个串结构数据称为一个个体，N 个个体构成了一个群体。GA 以 N 个串结构数据作为初始解开始迭代。

适应性值评估检测：适应性函数表明个体或解的优劣性。不同的问题，适应性函数的定义方式也不同。

选择：选择的目的是为了从当前群体中选出优良的个体，使它们有机会作为父代为下一代繁殖子孙。遗传算法通过选择过程体现这一思想，进行选择的原则是适应性强的个体作为父代以产生一个或多个后代的概率大。选择实现了达尔文的适者生存原则。

交叉：交叉操作是遗传算法中最主要的遗传操作。通过交叉操作可以得到新一代个体，新个体组合了其父辈个体的特性。交叉体现了信息交换的思想。

变异：在群体中随机选择一个个体，对于选中的个体以一定的概率随机地改变串结构数据中的某个串的值。同生物界一样，GA 中变异发生的概率很低，通常取值在 0.001 ~0.01 之间。变异为新个体的产生提供了机会。

标准的遗传算法步骤可描述如下：

Step1：随机产生一组初始个体构成的初始种群，并评价每一个个体的适应度；

Step2：判断算法的收敛准则是否满足，若满足则输出搜索结果；否则执行以下步骤；

Step3：根据适应度大小以一定的方式执行复制操作；

Step4：按交叉概率执行交叉操作；

Step5：按变异概率执行变异操作；

Step6：返回 Step2。

遗传算法在应用时要处理好三个关键性问题，即串编码方式、适应函数的确定和算法自身参数的设定。

串编码方式的本质是问题编码。一般把问题的各种参数用二进制编码，构成子串；然后把子串拼接构成“染色体”串。串长度及编码形式对算法收敛影响极大；适应函数（fitness function）也称对象函数（object function），这是问题求解品质的测量函数；往往也称为问题的“环境”。一般可以把模型函数中的目标函数作为适应函数，但有时需要另行构造；遗传算法自身参数有 3 个，即群体大小 n、交叉概率 P_c 和变异概率 P_m。群体大小过小则难以求出最优解，太大则增加收敛时间，一般 $n=30\sim160$。交叉概率过小则难以向前搜索，太大则容易破坏高适应值的结构，一般取 $P_c=0.25\sim0.75$。变异概率 P_m 过小则难以产生新的基因结构，太大易使遗传算法成了单纯的随机搜索,一般取 $P_m = 0.01 \sim 0.2$。

2. 模拟退火算法

模拟退火(Simulated Annealing,简称 SA)算法最早的思想是由 Metropolis 在 1953 年提出的,Kirkpatrick 在 1983 年成功地应用在组合最优化问题中。模拟退火算法已在理论上被证明了是一种以概率 1 收敛于全局最优解的全局优化算法。它与局部搜索算法的不同之处在于:它是以一定的概率选择邻域中目标函数值差的状态。

退火是一种物理过程,一种金属物体在加热至一定的温度后,它的所有分子在其状态空间中自由运动。随着温度的下降,这些分子逐渐停留在不同的状态。在温度最低时,分子重新以一定的机构排列。统计力学的研究表明,在同一个温度,分子停留在能量小的状态的概率比停留在能量大的状态的概率要大。当温度相当高时,每个状态的概率基本相同,都接近平均值。当温度趋向 0 时,分子停留在最低能量状态的概率趋向于 1。

模拟退火算法是一种基于上述退火原理建立的随机搜索算法。组合优化问题与金属物体的退火过程可进行如下类比:组合优化问题的解类似于金属物体的状态,组合优化问题的最优解类似于金属物体的能量最低的状态,组合优化问题的费用函数类似于金属物体的能量。

对于产生固体的状态序列,可采用下面的方法:先给定一初始状态 i,作为固体的当前状态,该状态的能量为 E_i。然后用扰动装置使随机选取的某个粒子的位移随机地产生一微小变化,得到新状态 j,能量为 E_j。如果 $E_j < E_i$ 则接受该新状态为当前状态;如果 $E_j > E_i$,则按照概率:

$$r = \exp\left(-\frac{E_j - E_i}{kT}\right) \tag{5-97}$$

按照概率式(5-97)接受新状态为当前状态。其中 r 为[0,1]区间的随机数,k 为 Boltzmann 常数,T 为绝对温度。

由式(5-97)可知,高温下可接受能量差较大的为新状态,而温度较低时只能接受能量差较低的为新状态。当温度趋于零时,不再接受新状态。

由此可见,为了克服局部搜索算法极易陷入局部最优解的缺点,模拟退火算法使用基于概率的双方向随机搜索技术:当基于邻域的一次操作使当前解的质量提高时,模拟退火算法接受这个被改进的解作为新的当前解;在相反的情况下,算法以一定的概率 r 接受相对于当前解来说质量较差的解作为新的当前解。

模拟退火算法的基本实现步骤首先是初始状态的设定,然后求出能量函数,检验函数值,直到满足所给定的精度要求,具体步骤如下。

Step1:任选一个初始状态 r(初始解 f_0),$f_i = f_0$;

并设定迭代次数(退火时间)$k = 1$; $\mathrm{T}(k) = t_{\max}$(较高的初始温度);

step2:求能量函数 $\mathrm{E}(r)$(目标函数 $\mathrm{f}(x)$)的函数值;

step3:如果该函数值在该温度下达到内循环停止条件,即在温度 $\mathrm{T}(k)$ 下达到最低能量,对 Boltzmann 分布概率接近 1,这时就转到 step4;否则在温度 $\mathrm{T}(k)$ 下确定当前状态 r 的一个邻域 $\mathrm{N}(r)$,然后从 $\mathrm{N}(r)$ 中随机选一个新状态 s,计算 $\Delta E = \mathrm{E}(s) - \mathrm{E}(r)$,若 $\Delta E < 0$,则接受状态 s,更新状态 r;否则如果 $\Delta E \geqslant 0$,但 $\exp(-\Delta E/\mathrm{T}(k)) > p$,$p$($p$ 为接受概率),则同样接受状态 s,更新状态 r;如果 $\exp(-\Delta E/\mathrm{T}(k)) \leqslant p$,则拒绝状态 s,重复 step3;

step4:$\mathrm{T}(k+1) = \dfrac{\mathrm{T}(k)}{1 + \ln\mathrm{T}(k)}$,$k = k + 1$;如果满足停止条件,终止计算;否则,回到 step2。

可见,上述模拟退火算法中包含两重循环,其中 step2 - step4 为外循环,step3 为内循环,实现起来较简单。模拟退火的直观理解是:在一个给定的温度,搜索从一个状态随机地变化到另一个状态,每个状态到达的次数服从一个概率分布。当然使用模拟退火算法也存在一些关键技术问题,主要有以下几个方面:参数的数值搭配、解的形式、退火速度、温度下降的规则、每一温度下的迭代步长以及停止规则等。

3. 禁忌搜索算法

禁忌搜索(Tabu Search,简称 TS)是模仿人类记忆功能,避免犯重复性错误的特点设计出来的一类智能优化算法,它是 20 世纪 80 年代由 Glove 等人针对组合优化问题提出的,随后在调度、优化等领域取得了广泛的应用。TS 定义了邻域空间的概念,当前解 x 的邻域空间 $N(x)$ 是指从当前解出发的所有可行移动 $S(x)$ 产生的解的集合。通过一系列移动,TS 可以从解空间中的某个解移向邻域中的最优解,并试图找到全局最优解。TS 记录曾经找到的最好解作为算法求得的最优解。禁忌表防止了这种"移动"陷入循环和局优。此表采用"先进先出"的结构,其中记录了搜索过程中最近 T 次的移动。当执行一个移动时,新的移动被记录到 T 表的顶部,同时最底部的移动被取消。

当某移动被包含在 T 表中时,此移动处于"禁忌"状态。在某些条件下,可能需要解除被"禁忌"的移动,由此引入了吸收水平函数 $A(z)$ 的概念:如果 $f(s) < A(f(s))$,则从 s 到 s 的禁忌移动是合法的。这里的吸收水平一般定义为历史上的最好解。禁忌搜索的停止准则一般是某个最大的迭代次数、或者是经过一定的迭代次数后当前解仍没有得到改善。

下面分别介绍 TS 中的几个概念。

(1)邻域移动。

邻域移动是从当前解产生新解的途径,可以针对问题特点采用不同的定义方法。领域移动前后的目标函数值之差称为移动值。若移动值为负,则称此移动为改进移动;否则称作非改进移动。最好的移动可能是改进移动,也可能是非改进移动,这使禁忌搜索算法具有跳出局优的能力。

(2)选择策略。

选择策略即择优规则,一个好的选择策略应既能保证解的质量又保证计算速度。当前应用最广泛的选择策略是最好解优先策略(Best Improved Strategy)和第一改进解优先策略(First Improved Strategy)。最好解优先策略就是从当前邻域中选择导致最小目标值的移动产生的解,并作为下一次迭代的开始。第一改进解优先策略是从邻域中选择第一个可以改进当前解的移动产生的解,并作为下一次迭代的开始。最好解优先策略相当于搜索最陡的下降,它效果较好但需更多的计算时间。第一改进解优先策略无需搜索整个邻域,所以它所花计算时间较少,适合于较大的邻域。

(3)禁忌表。

禁忌表是禁忌搜索的核心,主要目的是阻止搜索过程中出现循环或陷入局部最优。它通常记录此前的若干次移动,并禁止这些移动在近期内返回。在迭代固定次数后,禁忌表释放这些移动,重新参加运算。禁忌表的长度在很大程度上影响着搜索速度和解的质量:禁忌表的长度太短,搜索容易陷入死循环;禁忌表太长时,搜索容易跳过最优解。因此适当的禁忌表长度应该是尽可能小同时又能避免算法进入死循环。由于禁忌表的这种特性类似于人的"短期记忆",因而禁忌表又称短期记忆函数。

(4)吸收水平函数。

为防止由于某些移动被禁止而使搜索跳过好的解，TS 算法引入了吸收水平函数，亦称为破禁水平。在某移动对应邻域解的目标值超过一定的破禁水平时，即使此移动在禁忌表中，仍可向这一邻域进行移动。吸收水平函数的设置因根据问题而异，它可以是一组判据，若其中任一条件 i 满足，即有：$a_i(s, x) < A_i(s, x)$，则邻域 s 的禁忌状态可被取消。其中 $a_i(\cdot)$ 是吸收水平函数，$A_i(\cdot)$ 是阈值。

(5)长期表。

短期记忆用来避免重复进行相同的移动，但是它并不能把搜索带到新的搜索区域，因此在实际应用中短期表经常与长期表结合使用，以保持局部搜索与全局搜索之间的平衡。通过使用长期表，相当于每次搜索都从不同且相距较远的初始状态出发，这样各次搜索的过程便不会互相重复。

(6)停止规则。

TS 算法常用的停止准则有两种。一种是把最大迭代次数作为停止算法的标准；另一种是在给定数目的迭代次数内得到的最好解没有改进时算法终止。

禁忌搜索的基本步骤如下：

Step1：产生初始可行解 $x \in X$，令 $x* = x, T = \phi$，$A = f(x*)$。

Step2：如果 $S(x) - T = \phi$，停止；否则，$k = k + 1$。

Step3：如果 $k > NG$，停止；否则 $sh(x) = OPT\{s(x), s \in S(x) - T\}$，令 $x = sh(x)$。

Step4：如果 $f(sh(x)) < A(s,x)$，$sh \in T$，令 $A(s,x) = f(sh(x))$，$x = sh(x)$。

Step5：如果 $f(x) < f(x*)$，$x* = x$

Step6：更新 T 表，转 Step2。

变量说明：X 为 Rn 中的一个离散空间，$S(x)$ 是 x 邻域集合，s 是某一次邻域移动 $s \in S(x)$，$A(s,x)$ 为吸收水平函数，$f(x)$ 为目标函数值，$f(x\cdot)$ 为当前最优解的目标函数值，NG 为最大迭代次数，T 为禁忌表的长度，k 为迭代指标。

上述步骤是禁忌搜索算法的基本流程。为应用于特定的问题，可能还需要根据问题的特点作适当的修改。

4. 蚁群算法

蚁群算法（Ant Colony Algorithm，简称 ACA）是由意大利学者 M. Dorigo 等首先提出的一种模拟蚂蚁行为进行优化的启发式算法。在自然界中，单个的蚂蚁个体行为极为简单，但由多个蚂蚁所组成的群体却成功地在搜寻食物等方面表现出复杂的行为。通过研究发现，蚂蚁个体之间通过一种称为外激素（pheromone）的物质进行信息传递，蚂蚁在移动过程中通过感知遗留在路上的该种物质来指导自己的运动方向，并在自己经过的路径上留下该类物质。这样，大量蚂蚁所组成的群体便构成了一种信息正反馈，从而成功地实现了食物搜索，最短路径选择等行为。蚁群算法正是通过模拟蚂蚁的这种行为来达到目的。

蚁群在寻找食物时，遵循了以下规则。

(1)觅食规则。

在每只蚂蚁能感知的范围内寻找是否有食物，如果有就直接过去。否则看是否有信息素，并且比较在能感知的范围内哪一点的信息素最多，这样，它就朝信息素多的地方走，并且每只蚂蚁多会以小概率犯错误，从而并不是往信息素最多的点移动。

(2)移动规则。

每只蚂蚁都朝向信息素最多的方向移，并且，当周围没有信息素指引的时候，蚂蚁会按照自己原来运动的方向惯性的运动下去，并且，在运动的方向有一个随机的小的扰动。为了防止蚂蚁原地转圈，它会记住最近刚走过了哪些点，如果发现要走的下一点已经在最近走过了，它就会尽量避开。

(3)避障规则。

如果蚂蚁要移动的方向有障碍物挡住，它会随机的选择另一个方向，并且有信息素指引的话，它会按照觅食的规则行为。

(4)播撒信息素规则。

每只蚂蚁在刚找到食物或者窝的时候撒发的信息素最多，并随着它走远的距离，播撒的信息素越来越少。

根据这几条规则，蚂蚁之间并没有直接的关系，但是每只蚂蚁都和环境发生交互，而通过信息素这个纽带，实际上把各个蚂蚁之间关联起来了。比如，当一只蚂蚁找到了食物，它并没有直接告诉其他蚂蚁这儿有食物，而是向环境播撒信息素，当其他的蚂蚁经过它附近的时候，就会感觉到信息素的存在，进而根据信息素的指引找到了食物。

蚁群算法的基本计算步骤如下：

Step1：初始化算法参数。设置循环次数初值 $n=0$，所有路径上的信息素都为一常数。

Step2：$k=1$（k 表示派出第 k 只蚂蚁）；

Step3：第 k 只蚂蚁以一种随机策略完成整个搜索过程，得到问题的一个解，同时 $k=k+1$；

Step4：如果 $k<M$（M 为蚁群规模），则转 Step3，否则转 Step5；

Step5：用评价函数评价 M 只蚂蚁的搜索路径，然后根据评价函数值修正相应路径上的信息素，同时 $n=n+1$；

Step6：如果 $n>N$（N 为设置的最大迭代次数），或最佳路径保持不变的次数大于设定值，则转 Step7，否则转 Step2；

Step7：输出结果。

在这里，蚂蚁的一次搜索过程是一个随机过程。蚂蚁每次从地点 i 选择下一个地点 j 是依据两地之间的状态转移概率决定，而状态转移概率是与路径上的信息素以及该路径的期望程度相关联的。

状态转移规则又叫比例随机选择，第 k 只蚂蚁从节点 i 转移到节点 j 的概率为：

$$p(i,j)=\begin{cases}\dfrac{\tau(i,j)[\eta(i,j)]^{\beta}}{\sum\limits_{m\in J(i)}\tau(i,m)[\eta(i,m)]^{\beta}} & \text{如果 } j\in J(i)\\ 0 & \text{其他}\end{cases} \tag{5-98}$$

式中：$\tau(i,j)$——从节点 i 到节点 j 的路径上积累的信息素；

$\eta(i,j)$——选择从节点 i 到节点 j 这条路径的期望程度，一般为节点 i 到节点 j 的距离的倒数；

$J(i)$——节点 i 能够到达的节点的集合；

β——期望程度相对于信息素的重要性系数。

公式(5-98)表示信息素较多且距离较短的路径被选中的概率较大。

每只蚂蚁完成所有路径搜索后，都会在它爬过的路径上留下一定的信息素，从而改变相应路径上的信息素，修改公式表示为：

$$\tau(i,j)=\tau_k(i,j)+\rho_l\tau(i,j) \tag{5-99}$$

式中：ρ_l——路径上原有信息素的局部遗忘系数；

$\tau_k(i,j)$——第 k 只蚂蚁在该路径上留下的信息素；

$\tau(i,j)$——路径上原有的信息素。

当一群蚂蚁完成搜索后，应该增加这群蚂蚁搜索路线中的最优线路上的信息素，使下一群蚂蚁能以较大概率选择这条路线，信息素修改表示为：

$$\tau(i,j) = k_o\tau_o(i,j) + \rho_G\tau(i,j) \tag{5-100}$$

式中：ρ_G——路径上原有信息素的全局遗忘系数；

k_o——最优线路上蚂蚁留下信息素的放大系数；

$\tau_o(i,j)$——最优线路蚂蚁留下的信息素。

蚁群算法具有很强的发现较好解的能力，这是因为该算法不仅利用了正反馈原理，在一定程度上可以加快进化过程，而且是一种本质并行的算法，不同个体之间不断进行信息交流和传递，从而能够相互协作，有利于发现较好解。蚁群算法可以解释为一种特殊的强化学习（RL：Reinforcement Learning）算法。它具有以下优点：

（1）较强的鲁棒性：对基本蚁群算法模型稍加修改，便可以应用于其他问题；

（2）分布式计算：蚁群算法是一种基于种群的进化算法，具有本质并行性，易于并行实现；

（3）易于与其他方法结合：蚁群算法很容易与多种启发式算法结合，以改善算法的性能。

但是，这种算法也存在一些缺陷，如：与其他方法相比，该算法一般需要较长的搜索时间，蚁群算法的复杂度可以反映这一点；而且该方法容易出现停滞现象（stagnation behavior），即搜索进行到一定程度后，所有个体所发现的解完全一致，不能对解空间进一步进行搜索，不利于发现更好的解。

本节介绍了几种现代启发式算法的基本原理、基本的实现步骤以及每一种方法的特点，每一种算法都有自身的优点和不足，在应用过程中，可以根据实际情况，对算法进行选择和改进，甚至可以将具有不同优点的算法结合起来，以达到理想的计算效果。

需要指出的是，枢纽设施规划模型种类较多，是否需要采用上述启发式算法求解关键在于两个因素，一是模型的复杂性，二是问题的规模。若模型确属 NP-hard 问题，同时问题的规模较大，则有必要采取任何一种启发式算法求解；否则运用目前流行的一些优化软件（如 LINGO）就能给予有效的求解。

第六章　公路运输枢纽规划方案评价

第一节　概　　述

一、方案评价的必要性

评价是按照一定的评判准则与方法，对被评判对象从其某一方面或各方面的综合状况做出优劣评定。在公路运输枢纽规划中，评价是非常重要的工作，起着承上启下的作用。评价不等于决策，而是决策的一个必备的辅助工具。评价为决策过程的各种参与者进行决策提供现实依据和度量准绳。为了帮助决策的制定，评价工作应阐明所用的假设和前提，明确评价分析的范围和可行性。

进行公路运输枢纽规划方案设计时，应根据不同的目标函数（值）、约束条件等，拟定不少于一个的可行方案，以便从中选出相对最优方案。为筛选出最优方案，通常建立一系列评价指标，对拟定的备选方案进行比选，从而可以科学、客观、准确地得到评价结论，为决策者提供充分必要的决策依据。

公路运输枢纽规划方案的评价，是公路运输枢纽总体布局规划的一个重要步骤。因为公路交通系统是一个复杂开放的大系统，其运输枢纽的布局受到很多不可量化的因素影响，所以采用数学模型计算得到的结果，还需要与实际情况结合，进行比较和分析，方能确定正确、合理的公路运输枢纽布局方案。同时，公路交通系统的复杂性也导致在采用数学模型计算时，不一定能得到唯一的最优解，此时就需要对量化得到的多个规划方案进行评价和比较，以保证得到最优的枢纽布局方案。

公路运输枢纽规划方案评价的内容，包括定量和定性两个方面。其中定量评价主要是对一些可以通过量化计算得到的指标，如枢纽的负荷度、枢纽的主要吸引范围等进行计算，评价方法和评价结果都比较直观；而定性评价则针对那些无法定量化的指标，如枢纽布局方案与城市总体布局规划的协调度、枢纽布局与交通网络布局的相互关系等，其评价准则相对模糊。因此，如何结合定性和定量评价方法，对枢纽站数量、位置和规模进行评价和筛选，是本章介绍的核心。

二、方案评价的原则

1. 适应要求

公路运输枢纽体系要适应社会经济发展和经济结构变化，并与城市规划配套，与其他运输方式衔接以及适应地理布局和环境等方面的需要。

2. 功能完备

公路运输枢纽系统应当具备运输组织管理、中转换装、装卸储存、多式联运、通信信息以及生产、生活辅助服务功能。

3. 技术进步

公路运输枢纽体系应以技术先进性、工艺合理化为前提，提高其综合经济效益。但所采用的新技术、新工艺和新设备又必须符合我国的国情，切忌盲目追求先进的技术设施和成套设备。

4. 经济效益

评价枢纽布局体系时，必须以提高运输站场的综合经济效益为基本出发点，既要考虑宏观经济效益，又要考虑微观经济效果；既要考虑近期效益，又要考虑长远效益；既要考虑直接经济效益，又要考虑间接经济效益；既要考虑定量的经济效益，又要考虑定性的经济效果。

5. 同步建设

同步建设就是要求有关建设项目不是同时开工，而是同时建成、同时产生经济效益。因此，评价枢纽布局规划体系时，必须坚持相关项目或配套项目同步建设的原则，并注意安排好与拟建项目、相关项目的投资和建设进度，要防止"重视主体，忽视配套"的倾向，杜绝"有鸡无窝"、"有窝无鸡"和"展品"项目的出现，争取达到既能保证和促进同步建设，又要防止重复建设，以取得投资的最佳经济效益。

6. 公正合理

由于枢纽布局规划一般由地方主管部门亲自主持或委托咨询单位编写，在某种程度上受局部利益的制约或影响。其中的技术经济指标（尤其是投资指标）往往"水分"较大。为了避免和消除指标中的"水分"，就是站在公正的立场上，利用社会主义市场经济理论来评价"布局规划"的可靠性。这就是说评价本身就是一种公正性极强的技术经济论证过程，它不仅要为规划地区局部经济利益负责，更主要的是要为国家、全社会的经济利益负责。在评价中，没有公正性，也就没有科学性和可靠性。

第二节　评价指标体系

公路运输枢纽布局方案评价首先需要一套衡量标准，即评价指标体系。它是在对系统评价的影响因素进行分析和研究的基础上，按照影响因素的主次之分，对各因素具体化后的结果。由于评价对象的复杂性，导致了系统评价指标的多样性，同时各指标之间还互相制约、互相影响。因此建立一套层次清晰、关系合理的评价指标体系，是保证系统评价成功的前提。在建立系统评价的指标体系时，应该遵循以下原则。

(1)科学性。评价标准和理论必须建立在科学的基础上，才能反映客观实际，对实践具有指导作用。

(2)简明性。拟定的评价指标体系应当条理清楚、层次分明，评价标准应该简单明确，便于应用和推广。

(3)可操作性。评价指标的测定必须有良好的可操作性，才能保证准确、快速地获取评价指标值，以确保评价工作的正常进行。

(4)可比性。拟定的评价指标体系，既能客观地评价规划区域在不同时期的交通运输效果，又能比较同一时期不同区域的交通运输效率。因此，评价指标体系的建立，应考虑到公路交通发展的历程，选取在一段时间内统计上通用的指标，有的指标应选用相对值，以方便不同规划区域规模和其发展程度之间的比较。

(5)统一性。评价指标的名称、测定方法、评判标准等应尽量与有关规范、行业标准等保持一致，便于理解和操作。

一、评价指标体系的基本要求

建立评价指标体系应符合以下基本要求：

(1)选择的指标应能反映由于枢纽布局的不同而带来的效果不同；

(2)指标应侧重于社会和经济效果；

(3)各指标应尽可能独立；

(4)在保证布局特征的前提下，指标数目应尽量少；

(5)所选指标应尽量能够定量描述。

二、评价指标体系

以公路运输枢纽微观布局规划为例，建立以下评价指标体系。

1. 枢纽规模的适应性

枢纽规模的适应性反映枢纽的规模能力对实际需求的适应程度。其量化值等于规划年度枢纽站的预测作业量与规划设计作业量之比，即：

枢纽规模适应性＝枢纽站作业预测值/枢纽站规划设计作业量

该比值应在0和1之间。为使枢纽站在建成后具有良好的规模适应性，同时又符合经济性、效率性原则，该指标范围在0.5～0.75之间为好。

2. 枢纽站发展余地

枢纽站发展余地指该布局方案中用地在未来发展建设上的可扩展程度，主要通过对各规划方案中枢纽站建设用地规划的实际调查，结合城市总体布局规划中预留地情况来确定。它可以反映客货运枢纽站向周围扩展的可能性大小，以适应不可预见的发展需求。公路运输枢纽规划建设是一项长期的工作，随着时间的推移，可能会出现很多难以预见的新情况，因此枢纽的规划建设必须与城市规划紧密结合，做到“一次规划，分期实施”。一方面，应该按远期规模预留足够用地，给枢纽留下发展的空间；另一方面，又要避免土地的浪费。结合规划区域的客货运特点和土地利用规划，定义该指标计算公式如下：

枢纽站的发展余地＝枢纽站规划用地量/上层规划规定的用地量

所谓上层规划，就是指城市总体规划、城市土地利用规划。根据枢纽站用地与城市规划的协调程度，把该指标分成可扩展、难扩展、不能扩展三个层次，对客货运枢纽的发展余地进行评价。

3. 枢纽站的服务范围

每个枢纽站都有各自合理的集疏运服务范围，不一定越大越好。在选取枢纽站的备选节点和调整其布局时，应尽量将枢纽站设置在服务区内各主要客、货源点的形心，使得集疏距离最短，运费最省，客户最便捷。

对大、中城市内布局的枢纽站而言，公路客运枢纽站的设置必须结合城市公交系统，不致使居民到客运枢纽站的出行距离过大。不同城市都有与其城市特点有关的合理出行距离，因此评价一个枢纽站的服务半径是否合理，要根据该城市的特点来进行。对于货运枢纽站，主要应根据城市工业、仓储用地的情况，考察货运枢纽站的数量和布局是否合适。一般来说，货运枢纽站数目太少，可能导致服务半径过大，穿越城区的货运集疏车辆太多而影响城市交通和居住环境；数目太多，又不经济。对城市只设一个客、货运枢纽时，吸引范围为城区半径，各设两个客货运枢纽时,每个枢纽站的服务半径应为城区当量半径的1/2,但整个枢纽站系统的服务范围必须覆盖整个规划区域,并有适当搭接。

4. 与其他运输方式枢纽的协调程度

该指标反映公路运输枢纽站布局与其他运输方式的交通枢纽(包括市内和对外交通)相互协调的程度。公路货运枢纽站点的设置主要考虑到公路与水运、铁路和航空交通枢纽的协调,以期实现多种交通方式之间有效快捷的联运。而公路客运枢纽站点的设置主要考虑中、短途的公路交通与中、长途的铁路和城市内部轨道交通的衔接问题。

衡量交通枢纽之间的衔接状况,主要从客货运的换乘所需时间、环节的多少来衡量。一般来说,不同交通枢纽之间换乘时间越短、环节越少,其协调程度越好。同时,还要使不同交通枢纽的吞吐能力相互匹配,才能实现有机协调。

5. 与公路主骨架的协调程度

该指标反映客货运枢纽站布局与公路主骨架等主干线的协调程度。与公路主骨架的协调程度是一个定性与定量相结合的综合指标,在评价中首先需要从规划区域公路主骨架的宏观布局进行定性分析,然后采用客货运枢纽站到主骨架道路的垂直距离来做定量衡量。一般来说,枢纽站到主骨架的距离越短越好。

6. 与城市总体规划的协调程度

该指标主要反映与城市的土地利用、产业布局、市内道路网等的协调程度,是一个定性指标。由于客运枢纽应方便居民出行,所以客运枢纽用与城市规划居住用地协调程度来衡量。货运枢纽应考虑便于吸引货源,用与城市规划工业、仓储、商贸用地的协调程度来衡量。

7. 单位生产能力占地面积

单位生产能力占地面积指枢纽布局方案中枢纽站平均日发运人次或每千吨所需的占地面积,即规划方案总占地面积与总站务作业量之比值。该指标衡量了土地资源占用情况。

8. 单位征地费用(含拆迁费,元/m^2)

单位征地费用指枢纽每平方米用地所需的征地费用与总面积之比值,衡量了土地资金价值。

9. 单位生产能力投资额(元/t)

单位生产能力投资额指枢纽平均发运1人次或每吞吐1t货物所需的投资额。即布局方案总投资与枢纽站总作业量之比值,衡量了单位投资建设成本大小。

10. 施工难易程度

施工难易程度主要指布局方案中各枢纽站在进行工程建设时的难易程度。可通过有关工程专家现场考察后确定。

11. 环境保护

环境保护指布局方案中,各枢纽站对周围环境的危害程度。

12. 交通安全

交通安全指布局方案各枢纽站在生产过程中对周围道路环境交通安全的影响程度。

13. 规模合理性

规模合理性指枢纽站的规划规模与国家、行业有关站级标准之间的符合程度。

14. 布局合理程度

布局合理程度指计算的理论站址与实际站址之间的距离。

以上评价指标从分析的范围来看,既有单项指标,又有集合指标;既有宏观指标,又有微观指标;既有定性指标,又有定量指标;既有动态指标,又有静态指标。通过对各项评价指标分析,可以从不同角度体现各枢纽站布局方案的特点。在选用这些评价指标时,应根据拟应用的评价方法适当选择,可将这些评价指标全部选用,也可以根据实际需要适当选用其中若干项,但总体上应能反映出各个方案的布局效果特征。

第三节 评价方法

公路运输枢纽布局方案的评价方法选择取决于枢纽站性质和特点,选择适当的评价方法可使评价工作的科学性和可操作性紧密结合起来。

一、评价指标特征

评价指标涉及多项指标,总体上讲其有以下特征:涉及因素多;指标个数多;指标中有难以定量的问题;个别指标存在一定的不确定性。

因此在选择使用评价指标时,还应对指标中的多因素、复杂性、难以定量问题、不确定性问题等进行进一步分析,从而得到一种具有同一性、综合性、科学性,又具有良好操作性的方法,使评价过程更清晰、准确。

二、评价指标的量化方法

最常见而且又最不易把握的是评价指标中的不确定现象描述,它难以量化,不易进行数学处理。一般最简单的处理方法是采用专家意见法(即专家分级打分法)得以解决,并进行统计归一化处理。

如将适应性指标划分为适应、较适应、基本适应、不适应四级处理,打分标准如表 6-1 所示。打分时用的分值统计可采用表 6-2 所示样式。

适应性打分标准　表 6-1

判断概念	分值
适应	≥90
较适应	≥75
基本适应	≥50
不适应	<50

打分统计表　表 6-2

指　标	专家打分				合计	平均
	甲	乙	丙	……		
与其他运输方式的协调程度						
交通安全影响程度						
……						

需要指出的是,专家的选择要慎重。专家应是多年来从事此方面研究、管理的技术人员,既具有一定的理论基础,又具有一定的实际经验。否则将对评价结论造成不良的后果。

三、评价方法

1. 分级评分法

分级评分法的步骤如下:

(1)列出所有评价指标,定出每个评价指标的最高分。因各评价指标的重要程度不同,最高分可不一样,应根据对布局效果影响程度不同,经评分小组决定。

(2)各评价指标分等定分。各评价指标的等级不要分得太多或太少。太多过于分散;太少又拉不开档次。通常分成 4 ~ 5 级较合适。

(3)评分打分。对若干备选布局方案，由评分组（专家组）逐项按级评分，将结果列成表格。

(4)计算总分。将站场布局各备选方案的各项评价指标打的分数累计相加，分数最高者为最优方案。

需要说明的是，分数的评定一定要由专业人员组成的评分小组进行评定。因各评价指标对站场布局影响重大程度不同，评分标准也不一致，通常由专业人员的综合意见确定。若出现两个枢纽布局方案的最终评分相等或相近，可根据其他因素进一步考虑，做出最终的决策。

2. *层次分析法*

层次分析法（Analytic Hierarchy Process，简称 AHP）是由美国学者 Assty 于20 世纪 70 年代末提出的多层次权重解析决策方法，是一种定性与定量相结合的多目标决策分析方法。利用层次分析法可处理复杂的社会、政治、经济、技术等方面的决策问题，分析各个组成因素在所研究问题中的权重，特别是在将决策者的经验判断给予量化、对判断目标（因素）结构复杂且缺少必要的数据情况下更为实用。

层次分析法的基本过程是：把复杂问题分解成各个组成元素，按支配关系将这些元素分组、分层，形成有序的递阶层次结构，构造一个各因素之间相互衔接的层次结构模型。通常把这些因素按照目标层、准则层和方案层进行自顶向下的分类。在此基础上，通过两两比较方式判断各层次中诸元素的重要性，然后综合这些判断计算单准则排序和层次总排序，从而确定诸元素在决策中的权重。这一过程体现了人们决策思维的基本特征，即分解、判断、再综合。

层次分析法的计算步骤如下。

(1)构造判断矩阵 P。

根据层次结构模型每层中各因素的相对重要性，给出判断数值列表，形成判断矩阵。判断矩阵表示针对上一层某因素，本层与之有关因素之间相对重要性的比较。若 A 层次中因素 A_k 与下层次 $B_1,B_2,\cdots,B_n$ 有联系，则判断矩阵 P 如表 6-3 所示。

判断矩阵 表6-3

A_k	B_1	B_2	…	B_n
B_1	b_{11}	b_{12}	…	b_{1n}
B_2	b_{21}	b_{22}	…	b_{2n}
…	…	…	…	…
B_n	b_{n1}	b_{n2}	…	b_{nn}

b_{ij}是判断矩阵 P 的元素，表示对因素 A_k 而言，B_i 对 B_j 相对重要性的数值。b_{ij}的取值由专家调查法确定，并用 T. L. Saaty 提出的 1 ~9 标度法表示，如表 6-4 所示。

判断矩阵元素 b_{ij}的 1 ~9 标度法定义 表6-4

标度 b_{ij}	定　义
1	i 因素与 j 因素同等重要
3	i 因素比 j 因素略重要
5	i 因素比 j 因素重要
7	i 因素比 j 因素重要得多
9	i 因素比 j 因素绝对重要
2,4,6,8	介于以上两种判断之间的状态的标度
倒数	若 j 因素与 i 因素比较，结果为 $b_{ji}=1/b_{ij}$

(2)层次单排序，得到权重向量。

根据判断矩阵，计算对上层某因素而言本层次与之有联系的因素的权重值，即计算判断矩阵的最大特征值及对应的特征向量，将特征向量归一化就得到权重向量。

(3)层次单排序一致性检验。

最大特征根为λ_{max}，判断矩阵为n阶时，有一致性指标如下：

$$C_I = \frac{\lambda_{max} - n}{n - 1} \tag{6-1}$$

式中：C_I——层次单排序一致性检验指标；

n——判断矩阵的阶数；

λ_{max}——判断矩阵的最大特征值。

当判断矩阵的维数n较大时，需引入随机一致性指标R_I进行修正，R_I修正见表6-5。经修正的一致性指标用C_R表示。即$C_R = C_I/R_I$，其中R_I为随机一致性指标。当$C_R < 0.10$时，排序结果具有满意一致性，否则需调整判断矩阵的元素值。

R_I 数值列表 表6-5

维数	1	2	3	4	5	6	7	8	9
R_I	0	0	0.58	0.90	1.12	1.24	1.32	1.41	1.45

(4)层次总排序。

若上层A有m个因素，总排序权值为$a_1, a_2, \cdots, a_m$，本层B有n个因素，它们对于上一层第j个因素的单排序权值为$b_{1j}, b_{2j}, \cdots, b_{nj}$，则此时因素的总排序权值为：

$$B_i = \sum_{j=1}^{m} a_j b_{ij} \qquad i = 1, 2, \cdots, n \tag{6-2}$$

(5)自下而上的组合评价。

假设评价是在l个方案中进行，则每个方案的量化评价值等于每个指标的量化值乘以其权重的和。即：

$$S_k = \sum_{i=1}^{n} B_i x_{ik} \qquad k = 1, 2, \cdots, l \tag{6-3}$$

式中：S_k——第k个方案的总评价值；

B_i——第i个指标的权重；

x_{ik}——第i个指标在第k个方案中的取值；

l——参与评价方案的个数。

层次分析法的优点是能把其他方法难以量化的评价因素通过两两比较加以量化，把复杂的评价因素构成简化为一目了然的层次结构，能有效地确定多因素评价中各因素的相对重要程度。但层次分析法在进行方案的总体评价时，缺乏一个统一的、具体的指标量化方法，因而在实际使用中，人们大多只采用它进行指标权重的分析，然后用其他方法进行指标值的量化和归一化计算。

3. 模糊综合评价法

模糊综合评价法又称模糊决策法(fuzzy decision making)。它是应用模糊关系合成的原理，从多个因素对被判断的事物的隶属等级状况进行综合评判的一种方法。虽然对一个方案的优劣可以用综合评价指标体系下的一组指标值来反映，但可能没有一个方案各个指标均为最优，这时就需要寻求一个能起到综合评价作用的评判指标值(如计算加权相对偏差距离)，再按评价指标值的大小，从中选择最优方案。模糊综合评判的具体步骤如下。

(1)确定评价对象的因素论域$U(u_1, u_2, \cdots, u_n)$。

确定评价的指标体系，解决用什么指标和从哪些方面来评价客观对象的问题。

(2)确定评语等级论域 $V(v_1,v_2,\cdots,v_m)$。

建立综合评价的方案集合，集合中每一个元素代表一个评价方案。

(3)进行单因素评判，建立模糊关系矩阵 $R=\{r_{ij}|i=1,\cdots,n\quad j=1,1,\cdots,m\}$。

其中与方案 j 相对应的因素指标值向量 $r_j=(r_{1j},r_{2j},\cdots,r_{nj})$，$r_{ij}$ 称为 U 中因素 u_i 对应 V 中等级 v_j 的隶属关系，即从因素 u_i 着眼，被评价对象能被评为 v_j 等级的隶属关系。因而，r_{ij} 是第 i 个因素 u_i 对该事物的单因素评价，它构成了模糊综合评判的基础。将这 m 个列向量依据某种综合评判方法(如加权相对偏差距离最小法)相互比较，以确定最优方案。

为建立评判矩阵 R，通常在方案集合 V 外人为地引入两个虚拟方案 V_0 和 V_{m+1}，并设它们的指标取值为 U_0 和 U_{m+1}，其隶属度分别为 $r_{i0}=0$，$r_{i,m+1}=1$。通常有以下三种模型可以用来确定评判矩阵中的 r_{ij}。

模型1：对于因素 u_i，在其上取值越大越好，当取值大于或等于 $u_{i,m+1}$ 时都是理想的；当取值小于或等于 u_{i0} 时都是很差的，即：

$$r_{ij}=\begin{cases}0 & (u_{ij}>u_{i0})\\ \dfrac{u_{ij}-u_{iO}}{u_{i,m+1}-u_{i0}} & (u_{i0}\leqslant u_{ij}\leqslant u_{i,m+1})\\ 1 & u_{ij}>u_{i,m+1}\end{cases} \tag{6-4}$$

模型2：对于因素 u_i，在其上取值越小越好，当取值小于或等于 $u_{i,m+1}$ 时都是理想的；当取值大于或等于 u_{i0} 时都是很差的。即：

$$r_{ij}=\begin{cases}0 & (u_{ij}>u_{i0})\\ \dfrac{u_{i0}-u_{ij}}{u_{i0}-u_{i,m+1}} & (u_{i0}\geqslant u_{ij}\geqslant u_{i,m+1})\\ 1 & u_{ij}<u_{i,m+1}\end{cases} \tag{6-5}$$

模型3：对于因素 u_i，在其上距离 $u_{i,m+1}$ 越近越好，当取值小于 u_{i0} 时都是很差的，即：

$$r_{ij}=\exp[-(\frac{u_{ij}-u_{i,m+1}}{b})^2] \tag{6-6}$$

式中 b 的 取值由 $u_{i,m+1}$ 和 u_{ij} 确定。

(4)确定评判因素的权重向量 $A=\{a_1,a_2,\cdots,a_n\}$。

这一步与其他综合评价中指标权重的确定方法是相同的。

(5)选择合成算子，把 A 和 R 合成得到 B。

$$B=A\otimes R \qquad \text{其中}\otimes\text{为合成算子} \tag{6-7}$$

这个公式表明，评价因素与被评价事物的模糊关系 A，通过模糊变换器 R，形成了被评价事物与评价等级之间的模糊关系 B。

(6)对模糊综合评判结果 B 进行分析和处理。

模糊综合评判的结果是一个向量，而不是一个点值，这是它不同于其他多指标综合评价方法的最大特点，它是由模糊综合评判本身的性质决定的。同时模糊综合评判法是可以进行多层次评价的，满足了较为复杂事物的平均要求，既可以用于主观指标的综合评判，又可以用于客观指标的综合评判。

但是模糊综合评判法本身不能解决指标之间的相关关系造成的评价信息重复问题，这是它不如多元统计分析中主成分分析和因子分析的地方，因而在运用模糊综合评价法之前，要对指标进行预选和处理，剔除相关程度大的指标，以保证评判结果的准确性。此外模糊综合评判中的权重不是在评判过程中伴随产生的，使得权重的确定具有一定的不确定性，这是另外一个需要注意的地方。

4. 灰色关联度分析法

目前，系统分析的量化方法大多属于数理统计的方法，如回归分析法、方差分析法、主成分分析法等，其中以回归分析法使用最为频繁。但是回归分析法不仅要求大量的样本，还要样本有较为稳定的分布规律，这在一些发展变化快、有突变和创新的系统中是不适用的。灰色系统理论提出了一种新的分析方法：灰色关联度分析法。灰色关联度分析的基本思想是根据序列曲线几个形状的相似程度来判断其联系是否紧密。曲线越接近，相应序列之间的关联度就越大，反之就越小。作为一个发展变化的系统，关联度分析事实上是动态过程发展态势的量化比较分析。它是根据系统内各因素之间发展态势的相似或相异程度，来衡量因素间关联程度的方法。

这种因素分析的比较，实质上是集中曲线间几何形状的分析比较，即认为集合形状越接近，则发展变化态势越接近，关联程度越大。因此按这种观点作因素分析，至少不会出现将正相关当负相关的情况。此外，对数据数量也没有太高的要求，即数据多或数据少都可以分析，不过直观分析并不能算做是一种方法，而只能说是一种观点。因此，应寻找一种衡量因素间关联程度大小的量化方法。

依据灰色系统的基本原理，对评价指标系列之间的关联度进行总量分析，经过数学模型计算得出各备选方案与标准方案之间的关联系数和关联度。从而可以按照规范性、偶时对偶性、整体性和接近性这四条原则，将复杂、多因素、且难以定量的问题转化成具有较好操作性的分析方法。

其步骤是先将各备选方案评价指标参数构成比较数列 $X_i=\{X_i(1),X_i(2),\cdots,X_i(n)\}$，然后将各备选方案评价指标的最佳值构成一标准数列（或参考数列）$X_0=\{X_0(1),X_0(2),\cdots,X_0(n)\}$。用关联系数和关联度反映比较数列与标准数列的接近程度。关联度越大的比较数列表明与标准数列越接近，即最优的布局方案。

关联系数和关联度计算如下。

（1）初始化。

设原始标准数列 $X_0=\{X_0(1),X_0(2),\cdots,X_0(n)\}$

比较数列：

$$X_i=\{X_i(1),X_i(2),\cdots,X_i(n)\}$$

初始化处理后得：

$$\begin{aligned}Y_0&=\{Y_0(1),Y_0(2),\cdots,Y_0(n)\}\\&=\{X_0(j)/X_0(1)\}\end{aligned}\tag{6-8}$$

$$\begin{aligned}Y_i&=\{Y_i(1),Y_i(2),\cdots,Y_i(n)\}\\&=\{Y_i(j)/Y_i(1)\}\end{aligned}\tag{6-9}$$

（2）求差数列。

$$\Delta O_i(j)=|Y_0(j)-Y_i(j)|\tag{6-10}$$

（3）求两级最大差与最小差。

$$\Delta_{\max}=\max_i\max_j|Y_0(j)-Y_i(j)|\tag{6-11}$$

$$\Delta_{\min} = \min_{i}\min_{j} \left| Y_0(j) - Y_i(j) \right| \tag{6-12}$$

(4)计算关联系数。

$$\rho_{oi}(j) = \frac{\Delta_{\min} + \rho\Delta_{\max}}{\Delta O_i(j) + \rho\Delta_{\max}} \tag{6-13}$$

式中:ρ——分辨系数,一般取0.5。

(5)关联度计算。

$$r_{oi} = \frac{1}{N}\sum_{j=1}^{n}\rho_{oi}(j) \tag{6-14}$$

(6)排关联序。

因素间的关联程度,主要是用关联度的大小次序描述,而不仅是关联度的大小。将 m 个比较序列对同一标准序列的关联度按大小顺序排列起来,便组成了关联序,记为$\{x\}$,它反映了对于母序列来说各子序列的"优劣"关系。若 $r_{oi} > r_{oj}$,则称 $X_i = \{X_i(1), X_i(2), \cdots, X_i(n)\}$ 对于同一标准序列 $X_0 = \{X_0(1), X_0(2), \cdots, X_0(n)\}$ 优于 $X_j = \{X_j(1), X_j(2), \cdots, X_j(n)\}$。

采用上述各种评价方法对备选规划方案进行评价之后,会得出相应的评价结果,一般是按照得分的高低向决策者进行方案的推荐。通常情况下,任何一个规划方案总是存在这样或那样的优劣性,作为规划者应该向决策者详细说明推荐方案和替补方案的优劣,为决策者提供充分的决策空间。

第七章　公路运输枢纽规划实施序列安排

第一节　投资估算及实施序列

一、投资估算

1. 费用分类

公路运输枢纽建设项目的投资费用大致可划分为征地拆迁费用、土建工程费用、设备费用、其他费用四大部分。

征地拆迁费用包括土地征用费、青苗补偿费、房屋拆迁及安置等费用。

土建工程费用包括公路运输枢纽的基础设施开发、生产服务设施、生产辅助设施、生活服务设施和其他辅助设施的建筑安装费用。

设备费用包括设备购置费和设备安装费，如汽车检测与维修设备、安检设备、售票系统、安全消防设备、信息系统设备以及其他生产辅助设备等。

其他费用包括基本建设投资概(预)算办法所规定的其他费用，如预备费等。

2. 投资估算依据

征地、拆迁费用主要依据当地国家建设征用土地各项补偿、补助费规定、城市房屋拆迁补偿安置暂行规定、城市拆迁管理办法以及类似工程进行估算。

土建工程费用根据当地建设工程概算定额及有关标准进行估算。

设备费用采用市场价或者类似工程估算。

其他费用的计算可根据有关规定并参照公路运输枢纽现有站场设计标准测算。

二、规划实施原则

公路运输枢纽与公路网和其他运输系统共同组成了一个科学、完整、复杂的系统，各子系统之间具有十分紧密的内在联系和促进制约关系。这就要求在实施序列的安排上，既要充分考虑时间跨度及规划期各阶段的适应程度，又要十分注意规划的整体性和总功能的完整性。依据这样一个总的要求，一般有如下实施原则。

1. 适应需求

以规划期各阶段预测的运输枢纽站场作业量为依据，合理确定运输站场各时期的建设规模、标准及数量，选择需求量大的优先安排。此外，枢纽站的建设还应与城市建设和交通运输网建设协调一致，以适应发展的需要。

2. 功能完整

特别要强调硬件系统和软件系统的同步建设、配套发展，以保证建一个、用一个。对于关系到运输枢纽系统的完整、担负运输组织服务和战略管理核心功能的组织管理中心，应优先安排。

3. 先易后难

对于改(扩)建和新建站场,应优先安排改建或扩建工程投资。对于新建站场应视建设难易程度顺序安排,拆迁量小、周围基础设施条件较好的应优先安排。确定改建或新建项目顺序时,应优先考虑投入少的枢纽站。

4. 资金平衡

坚持以资金可能为前提,量力投入,保证重点。单个项目的安排必须坚持资金平衡,不留缺口,以确保规划的顺利实施。

5. 灵活调整

公路运输枢纽规划是一个长期的建设规划,对其未来发展和建成后的运转情况很难准确把握,尤其是未来经济发展及运输方式的结构变化所产生的影响更难准确预测。因此,要坚持试点先行,避免一哄而上,在总结经验的基础上,及时调整规划。

三、实施序列安排

根据不同的规划期安排,遵照上述原则安排规划的实施序列,一般以表的形式体现,如表7-1所示。

公路运输枢纽站规划建设实施序列表 表7-1

项目名称	建设性质	建设期限	2010年以前	2011~2015年	2016~2020年
			设计能力(万人/日或万t/年)	设计能力(万人/日或万t/年)	设计能力(万人/日或万t/年)
1	在建	2010年以前			
2	改建	2011-2015			
3	新建	2016-2020			
合计					

第二节 投融资模式

公路运输枢纽属于交通运输基础设施,一次性投资大,投资回收期长。为使公路运输枢纽建设有稳定的资金来源,应本着"谁投资、谁收益"的原则,采用"以市场投资为主、政府投资补助为辅",鼓励企业、民间和外商投资,政府建立必要的投资补偿机制、政策。

从经济属性特征角度来看,公路运输枢纽既不属于公共物品,也不属私人物品,而是介于两者之间,属准公共物品。公路运输枢纽的受益范围,既包括享受运输枢纽服务的运输企业或个人,同时也惠及到全社会,具有显著的社会效益。

公路运输枢纽中的客运枢纽和货运枢纽虽同属准公共物品,但在市场竞争潜力、经济属性特征、投资回收能力、公益性等方面还存在着一定差异。

客运枢纽服务于社会大众,每个消费者的需求基本相似,容易整合,所提供的主要服务不可能被某个消费者独自占有,具有显著的不可分割性。其效用具有不可量化性,一个旅客出行一次产生多少效用是很难量化的。而且服务的主要对象是收入处在中下水平的大众群体,具有公共服务特征。客运枢纽所提供的服务主要是以基本服务为主,消费的质量和数量没有明显差别,具有有限的消费均等性。

从消费效用不可分割性方面看,货运枢纽服务于各类工商企业,其对运输枢纽的需求也各不相同。货运枢纽无论是实体形式还是其所提供的服务,在公共服务的框架下,可以被分割成许多可以买卖的单位,为不同的工商企业独自占有,具有明显的可分割性。同时货物运输的效用通常是可以量化的。货运枢纽站场一般只为几个企业提供个性化、定制化服务,消费的非均等性较为明显。

所以,对于公路运输枢纽系统而言,既有公益性又有经营性,并且在运输枢纽的各个组成部分中,其公益性和经营性不同。针对这个特点,应结合其属性明确投资主体。公益性成分较大的部分,政府应该成为投资主体,或者应该给予必须的扶持、资助、优惠;对于系统中经营成分较大的部分,企业应该成为投资主体,资金来源应该多元化,吸收来自社会各方面的投资,包括经济实体、个体、银行和外资等。明确投资主体,有助于增加行业投资的透明度,一方面提高对社会资金的吸引力,另一方面也有助于发挥政府资金的引导作用。

根据国家有关部门进行的"投资体制改革进程与趋势"分析的基本评估与政策建议,今后投资体系改革对生产公共品非营利项目和生产普通品的营利性项目,应该有两套体制和两套管理方式。政府对公共投资体制要做到:公共透明的投资决策机制,制定有关法律法规和管理制度,建立高效率的公共工程建设、管理体系;政府对营利性项目投资将建立有效的投资监控机制,制定营利性项目投资指南,取消审批制,按照鼓励、禁止、有条件允许三种类型制定相应的投资管理政策,规范项目评估活动,做好营利性项目信息的统计、分析和公告工作。

在社会经济发展比较均衡,市场经济比较成熟,公路运输基础设施均衡发展的条件下,可以按照市场经济条件下公共财政的模式,采取无偿给予补贴方式对公路运输枢纽公共物品部分进行政府补贴。在社会经济发展很不平衡,东、中、西区域之间的社会经济差距较大,公路运输市场处于发展初级阶段的区域,公路运输枢纽仍然是公路运输中的薄弱环节,是政府扶植和促进发展的对象,政府投资模式是可以考虑的一种选项。

一、投资模式

公路运输枢纽建设政府投资模式可分为资本金投资模式、股权投资模式、债权投资模式、贴息(补助)模式等。

1. 资本金投资模式

资本金投资模式形成的所有权益属于国有,其所有权益收入都为国有。其运作形式主要包括以下三种。

(1)政府组建公路运输枢纽建设管理机构,负责全部枢纽的投资和建设管理,公路运输枢纽的建设投资全部由政府投入。

(2)由政府组建公路运输枢纽建设管理机构,负责全部枢纽的投资和建设管理,公路运输枢纽建设的部分投资由政府投入,建设资金缺口由公路运输枢纽建设管理机构在资本市场筹集。

(3)由政府委托国有企业负责全部枢纽的投资和建设管理,公路运输枢纽建设的部分投资由政府投入,建设资金缺口由国有企业筹集。

枢纽建设完成后的经济主体有四种类型:枢纽建设管理机构直接经营,转交给公路运输枢纽国有企业经营,以租赁形式选择优秀企业经营,以销售形式选择优秀企业经营。

在这种投资模式下，政府按项目审批权限及基本建设程序对项目进行审批并核拨资金，在枢纽项目建成之后将其投资转化为国有资本金，办理国有资产产权登记，国有资产产权登记证(表)是国有资本的出资证明，也是企业特有并经营国有资本的法律凭证。

这种投资模式对于企业降低资产负债率有积极作用，对于缓解国有企业的困境会起到辅助作用；同时有利于枢纽建设均衡、有序的发展，以及枢纽整体功能的实现。其弊端在于资金的无偿使用会带来投资饥渴症与投资效益低下。一般适用于经济发展初期或我国西部欠发达地区。

2. 股权投资模式

政府成立公路运输枢纽建设投资公司，投资公司在一定的授权范围内，代表政府通过控股、参股等股权运作方式对枢纽投资资金进行资本运作，维护资本所有者权益和实现国有资本保值增值目的。枢纽投资公司与枢纽建设企业的关系是投资者与被投资者之间的关系。

建立以公路运输枢纽投资公司为核心，交通行政主管部门、枢纽建设投资公司、枢纽经营企业三个层次的枢纽建设投资管理体制总框架。枢纽投资公司在属性上应为彻底的企业法人，公司虽是以经营国有资本产权的特殊经济实体，但经营目标是在实现政府投资目标前提下的追求公司利润或资本增值。

股权投资方式可以通过国有公路运输枢纽建设投资公司的优良信誉，吸纳大量的社会资本，争取地方政府的优惠政策和提高枢纽建设速度，引导公路运输枢纽的合理布局和有序建设，发挥国有经济对其他所有制经济的辐射作用。

其缺点表现在较难解决行政干预和“内部人控制”的两难问题。枢纽投资公司是国有企业，其与枢纽建设企业又是股权关系，因此，容易导致国家对该类企业的直接干预和控制。如果减少政府干预又会导致“内部人控制”问题。该方式在实际运作中，由于国有资产管理体制问题，公路交通主管部门不能成立枢纽建设投资公司，只好退出。

3. 股权投资模式

政府以债权人身份，以签订债务合同的形式规定枢纽建设企业的权利、责任和义务，形成双方借贷关系的枢纽债权投资模式，是枢纽建设发展的专项有偿引导资金。

政府采用委托贷款的方式交由银行或非银行金融机构负责将资金以较优惠的利息贷出，并按期收回本息。政府在委托贷款中拥有资金所有权、投向决定权和检查监督权。而银行作为委托人，负有根据委托人确定的贷款对象、用途、金额、期限、利率等代为发放、监督使用并协助回收的义务，同时按委托的金额和期限向委托人收取手续费。

债权模式可以遏制“投资饥渴症”的产生，以提高资金的使用效益，实现资源的有效利用与优化配置。债权化的代理成本最低，是效率高又简便的一种枢纽投资模式。有利于促进企业强化责任意识，加强对投资的管理。

债权模式在财政投资资金管理办法中没有明确规定可以使用本投资模式，容易出现债务到期不能按时清偿的问题。

4. 贴息模式

贴息模式是政府直接补贴的一种形式，即政府对公路运输枢纽建设银行贷款的利息给予部分或全部支付。由于公路运输枢纽产生显著外部效益，贴息正是政府对公路运输枢纽外部效益的一种补偿，也是对基础性设施发展的积极促进。

贴息模式由项目建设单位提出贴息贷款申请，贴息主管部门和银行分别做出项目建设可行性评估，共同商定贷款对象、使用范围、数额及贷款贴息程序，贴息主管部门按照贴息计划及时向银行交纳相应的利息。枢纽项目建设完成后,对贴息项目进行综合评价,保证贴息项目的使用方向和效率。

贴息模式对于大型枢纽建设的银行贷款具有吸引作用,尤其是对投资大、贷款多、回收期长的项目,银行贷款利息是一笔数目可观的款项,如果能得到政府的贴息补助,将对推进枢纽的规模化建设产生较大的积极影响。根据枢纽建设和运行效果可以适时调整贴息额度,具有较强的灵活性,能有效地降低政府补贴风险。

枢纽建设和贴息之间将产生时间差,只有项目完成后,贴息才开始,在一定程度上增加了项目建设成本。尤其是对建设投资额较大的项目,政府无法在其急需投资的阶段给予资金补助。对贷款较少的建设项目实施起来有难度,贴息达不到政府需要补助的金额。

5. 专项补助(投资)模式

专项补助(投资)具有非常明确的投资目标,不仅在建设项目上专款专用,而且在具体的内容上也有十分明确的对象。对公路运输枢纽建设的公用网线基础设施进行补贴(投资),主要包括从枢纽外部引进的电网、光缆网、水管网、路网等,对枢纽环保项目、信息化项目或者对征地、道路等基础性设施项目补助(投资)等。根据政府资金占建设项目投资总额比重的大小选用采用专项补助还是专项投资模式,其比重不足50%的可采用专项补助模式,其比重超过50%的可采用专项投资模式。

交通主管部门对公路运输枢纽建设项目的工程可行性研究报告进行审查,将公益性较强和具有外部效益部分从枢纽中分离出来,交通主管部门会同财政管理部门对其进行专项补助(投资)评估和专项补助(投资)方案确定,交通主管部门对专项补助(投资)资金拥有资金所有权、投向决定权和检查监督权。政府专项补助(投资)的建设项目不允许挪用。

政府专项投资模式下的生产设施在使用中必须保证完整性、完好性,固定资产属于国有,归枢纽建设投资管理机构监管,但是不参与枢纽项目利润分配。

专项补助(投资)模式有利于促进公路运输枢纽公益性和外部正效益较强设施的建设,更好地提高公共服务,增强公路运输枢纽建设的吸引力。

专项补助(投资)模式的公共物品生产设施使用、维护和监管中容易产生矛盾。枢纽建设投资管理机构的国有资产达到一定规模后,必须将其移交给国有资产管理部门,这样则失去了行业监管力度。

二、融资模式

一般情况下可供利用的公路运输枢纽建设筹集资金渠道有以下方式。

1. 企业自筹

企业是市场经济运行的主体,市场经济条件下的融资主体也应该是企业。企业自筹资金是公路运输枢纽,特别是货运枢纽建设资金的重要组成部分,要破除靠政府投资的依赖思想,鼓励企业利用自有资金或与其他企业联合筹集资金,加入枢纽站场的建设。

2. 银行贷款

银行贷款是公路运输枢纽融资的重要渠道。近年来,国家在贷款政策上做出拉动国民经济增长、扩大内需、加快基础设施建设的一系列政策。所以,借用国内银行贷款是一种低成本、高效率的融资手段。另外,公路客运枢纽是使全社会受益的公用型基础设施,可通过政府协调适当降低银行贷款利息,并在枢纽站场运行初期,可适当减免税收,以扶持还贷。

3. 社会招商

调动社会各方面建设公路运输枢纽的积极性。鼓励企业多方集资,多种经营,滚动发展,可以采用多种灵活形式合作、入股、联合开发、发行债券等,真正做到谁投资,谁受益。公开招商,吸引社会各方面的资金,特别是站场辅助服务系统可以依靠这种方式集资建设。

4. 引进外资

我国已正式成为世贸组织成员,吸引外资,努力改善投资环境,给予外商一定优惠条件,以筹措建设资金。国外资金的引入不但可以在一定程度上缓解公路货运枢纽建设资金短缺的压力,同时也引进了国外经营管理的方法和经验,以及先进理念和规范化的运作方式,可提高公路运输的经营管理水平。

积极利用外国政府和国际金融组织贷款的同时,选择有竞争优势的企业或项目,争取通过 BOT 方式到境外直接融资筹集建设资金,以弥补资金缺口。此外,通过这种融资手段还可以避免政府的债务危险,减轻政府的财政负担,提高基础设施建设项目的建设效率,改善资本结构。

5. 政府支持

公路客运枢纽是服务全社会,具有一定社会公益性的交通基础设施,是城市基础设施的一个重要组成部分,在投资政策上可给予倾斜。如可以采用减少征地费用,给予用地宽松度(用于多种经营)和对企业税收优惠与低息贷款或无息贷款等形式,主要用于关键项目的建设。

6. 上市筹资

通过对公路运输枢纽资产进行整合重组,组建股份有限公司,对外募集股本,在证券市场上上市交易。既可以公开发行股票,也可以买“壳”间接上市。通过上市可以在证券市场上源源不断地筹集股本,用于公路运输枢纽的建设。此种融资方式不仅无须还本,无固定利息约束,而且增资扩股灵活,不断增强财务基础。

第八章　公路运输枢纽规划社会经济评价及评估

公路运输枢纽是面向社会服务的基础设施，其规划实施不仅给从事公路运输和站场经营的企业带来一定的经济效益，更重要的是会给社会带来巨大的社会经济效益。因此对枢纽站场规划的社会经济评价及实施评估应采用定性和定量相结合的评价方法，从发展综合运输，加强行业管理和宏观调控，提高运输企业和车主、货主的经济效益及效率，方便客、货运输，有利于环境保护等方面进行综合评价。

第一节　社会评价

一、公路运输枢纽的社会特点

公路运输枢纽是城市基础设施的一个相对独立的系统，具有以下三个特点。

1. 服务的公共性和两重性

城市基础设施是城市社会化的产物，是整个城市社会再生产过程中的一般条件，是生产和生活共同使用的独立部门和领域，它不单纯是为个别人、个别家庭、个别单位服务，而是为整个城市，甚至整个区域提供社会化服务。因而，城市基础设施提供的服务具有公共性的特点。城市基础设施项目所提供的服务和功能作用又具有两重性。从服务对象上看，城市基础设施既为人民生活服务，又为物质生产服务，两者难以截然分开。如城市客、货运输站场，既为生产所利用，又为生活服务。城市基础设施项目提供服务的两重性，在时空上是同时存在的，即各类项目同时兼有两种功能。

2. 效益的间接性和综合性

城市基础设施项目的投资效益和经济管理效益，尽管也可以用自身投资回收期的长短以及获取利润的多少来衡量，但主要地表现是为服务对象的效益提高，即主要体现为间接效益和社会效益，其中包括因为没有基础设施项目而造成的损失。与城市基础设施项目效益的间接性特点相联系的是综合性，即城市基础设施项目不但产生经济效益，而且产生社会效益和环境效益。

3. 运转的系统性和协调性

城市基础设施是一个有机的综合体，是城市大系统中的一个子系统，如公路运输枢纽系统，这就要求系统内部诸因素以及系统同外界环境之间必须协调一致，基础设施项目才能保持良好的状态。具体表现为：城市基础设施在质和量、空间和时间上，必须与城市发展保持一致；其次，城市基础设施内的每一项都自成一个有机整体，不能割裂。

二、公路运输枢纽建设项目社会效益特点

1. 社会效益构成的多样性

城市基础设施具有整体性的特点，这是与城市整体性相联系的。一定的建设资金用于城

市基础设施的总体设计活动以及建设布局活动，就有一个规划效果、布局建设效果的问题。这种规划与布局作为城市整体一个有机的重要组成部分，对城市的影响产生多种多样的社会效益。

2. 社会效益形成的复杂性

从运输的系统性来看，城市基础设施社会效益的形成，往往是基础设施的各子系统共同活动的结果。城市基础设施社会效益不仅是通过各类项目的社会效益体现出来，而且一个项目社会效益本身也是多方面的，呈现出复杂性。

3. 社会效益的长期性

从城市的整体看，城市的整体发展不仅要着眼于物质资料的生产，还要充分体现精神文明建设的需要，如优质的公共关系、整洁文明的市容等，同时还要注意投资环境的建设等。这一切都与城市基础设施社会效益的长期性息息相关。

三、社会评价的内容

公路运输枢纽规划建设项目对社会、经济和环境的影响是相互交织在一起的，有时很难区分开来。如交通事故、交通堵塞、环境污染等，既是一个社会问题，也是一个经济问题。所以公路运输枢纽规划建设项目的社会评价，要从对经济增长和社会发展的角度出发，采用较为广义的含义：既含有经济因素，又区别于单纯的经济评价的社会评价，据此来考虑其社会评价的内容主要是以下几个方面：

(1)对人民生活、工作的影响：主要表现为运输费用和旅行时间的节约，交通的方便性和舒适性；

(2)对交通安全的影响：降低交通事故，减少人员的伤亡和精神痛苦；

(3)对环境的影响：减少噪声、水和空气的污染，防止自然景观、植被的破坏以及对动植物生存的影响；

(4)对国土开发和地区经济发展的影响：占用土地的损失，相关土地利用的变化，生产力布局和生产结构的变化，资源开发的潜力，人口分布的变化；

(5)对就业的影响：项目建设期和使用期的就业人数，收入的增加和生活的提高；

(6)对旅游业的影响：开发新的旅游资源、增加旅游收入；破坏现有自然景观，历史遗迹，减少旅游收入；

(7)对统一运输网的影响：增加路网的通过能力，减少拥挤，提高路网的效率；

(8)对不同的运输方式的有利和不利影响。

四、社会评价的基本原则和步骤

1. 基本原则

公路运输枢纽布局规划社会评价的基本原则如下：

(1)从社会经济发展目标和布局规划项目以及该项目的影响空间、时间和对象出发，客观地考察其有利的影响和不利的影响；

(2)深入调查研究，考察枢纽项目的实施对国家、区域、地方、企业、集团(阶层)和个人产生的影响；

(3)社会影响评价指标的建立应从客观性和现实性出发，指标要反映枢纽布局规划项目确实产生的有意义的影响，而且影响确实与受影响的对象存在利害关系，并可能对规划项目的执行和运营产生有利影响和不利影响；

(4)评价指标体系应能定量计算或具体地定性描述,具有可操作性；

(5)评价指标的设置应考虑通用性和特殊性相结合的原则:通用性指标适用于各种运输枢纽的布局规划的评价,特殊性指标只适用于某类运输枢纽的评价；

(6)社会影响评价应遵守可比性原则,方案选择的比较,在价格、时限、计算方法、费用范围等各方面均应保持统一性。

2. 评价步骤

(1)确定社会影响评价不同层次的社会、经济、环境的目标和项目的具体目标；

(2)确定项目的影响因素,包括经济因素、社会因素、环境因素、其他因素；

(3)确定项目的社会影响边界,包括直接边界和间接边界、行政边界、腹地边界、环境边界；

(4)确定项目社会影响的对象,包括国家、区域、地方、企业、集团(阶层)、个人；

(5)社会评价,包括选择评价指标、调查研究、修订选择评价指标、定量与定性分析；

(6)结论与建议。

五、社会评价的指标体系

根据社会评价内容,将其归纳为4类20个方面,并具体划分为定量评价指标和定性评价指标两大类,如表8-1所示。

社会评价指标体系　　表8-1

社会评价体系	社会影响	国土开发效果
		分配效果
		就业效果
		交通安全效益
		交通便捷、舒适性效果
	区域开发效果	产业结构变化
		资源开发利用
		运网效率、结构变化
		土地占用
		人口流动
		旅游、农副产品开发
	环境影响	大气污染
		噪声
		水质影响
		生态环境
		地质地貌影响
		历史遗迹
		自然景观
	对外联系影响	促进外贸发展
		提高威望

表8-1所列4组指标中,各指标互相之间有所交叉,有的与经济影响相关,有的与环境影响相关。在目前的枢纽布局规划项目经济评价和环境评价中没有完全包括上述指标,既或包括了,也是从不同角度未来考虑的,例如运输费用、时间节约和交通事故的减少,是从国民经济角度纳入总效益计算的。而在社会影响分析中,出发点是对居民或社会集团的影响,具有分配效果的性质。环境影响也是从居民和社会集团来评价的,没有将环境影响的所有方面详细列出。至于国土开发效果是考察整个交通线路或枢纽腹地大范围内的产业布局和人口分布的变动。另外值得说明的是上述这些指标,目前大都难以定量,主要是靠定性描述,但这些内容,对公路运输枢纽布局规划项目来说却是十分重要的,因此应予以认真对待。

1. 社会评价定量指标

(1)节约旅途时间效果。

旅客和货物运输时间缩短可产生一定的经济价值,这可在经济评价中按货币量计算,这里只计算旅客在途时间节约的小时数以及减少等待时间的小时数,既可用人均往返一次所节约的时间来表示,也可按这个枢纽站场布局规划项目每年为全部旅客带来的时间节约来表示。

(2)就业效果。

①就业人数 = 建设期就业人数 + 营运期就业人数

②就业收入 = 就业人数 × 人均收入

③单位投资就业人数 = 项目就业人数/项目投资额

(3)交通安全。

枢纽项目的安全效果是指该项目投入运营后使运网或该种运输方式事故减少,从而使损失减少,为旅客、企业和国家带来的效益,具体表现为人员伤亡的减少和财产损失及人员家庭痛苦不幸的减少。

各类人员伤、亡降低率 = 有项目与无项目伤亡人数差/无项目伤亡人数 × 100%

交通事故费用的计算,目前有财务费用和经济费用两种方法。财务费用是按因事故而实际发生的费用,如运输工具、货物的损失费、人员的丧葬费、医疗费、法律事务费等;经济费用是按影子价格计算的各项费用的损失,如人的伤亡,按人的生命价值计算。财务费用计算简单,但数额偏低;经济费用计算比较合理,但计算困难,如人的生命价值,此问题尚需研究。

(4)对运网结构的影响。

枢纽设施项目的规划建设,增加了运网的通过能力,有时也可改善运网的结构,缓和原有路线和枢纽的拥挤,从而提高运网效率,降低运营费用而产生效益,与此同时,也可能引起其他运输方式发生运量转移,能力利用不足或其他的损失。对这两者的得失,均应予以考虑。

$$\text{提高运网效率} = \frac{\text{有无规划枢纽客货运输周转量之差}}{\text{无规划枢纽项目客货运输周转量}} \times 100\%$$

$$\text{对运输方式的影响} = \frac{\text{有无规划项目单位运营费用之差}}{\text{无规划枢纽项目单位运营费用}} \times 100\%$$

$$\text{增加舒适度效果} = \frac{\text{有无规划项目时每人占用面积或空间之差}}{\text{无规划项目时每人占用面积或空间}} \times 100\%$$

$$\text{减少拥挤度的效果} = \frac{\text{无规划项目时客位超载率} - \text{有规划项目时客位超载率}}{\text{无规划项目时客位超载率}} \times 100\%$$

(5)资源利用开发。

枢纽规划项目要占用土地和消耗能源,各种枢纽占用的土地和消耗的能源不尽相同,这些对社会的影响都应按有规划和无规划项目做出评价。

土地利用效果＝土地面积或价值/客货运输量或周转量

能源利用效果＝能源标准热量或费用/客货运输量或周转量

(6)促进对外开放。

完善的公路运输基础设施,对吸引外资、对外开放、发展外贸具有决定性的意义。但应该指出,此项效果是由多部门所做出的贡献,其效果表现为:

外贸效果＝新增外贸收益/原有外贸收益×100%

(7)促进区域社会经济发展。

枢纽规划建设犹如催化剂,它能催化、带动各种事业的发展,产生一定的效益,这种综合影响效益表现为:

$$\frac{\text{有规划项目和无规划项目的固定资产国民生产总值}}{\text{或国内生产总值产出系数}} = \frac{\text{GNP 或 GDP}}{\text{固定资产额}}$$

2. 社会评价定性指标

除了上述可以定量的社会评价指标外,枢纽规划建设项目引起的某些社会经济影响,只能以定性的方法来描述其有益或有害的程度,且给以恰如其分地描述,并纳入规划项目的综合评价体系内,才能全面地评价规划项目的得失,做出正确的决策。这些影响主要在以下几个方面。

(1)促进区域的发展。

改善区域经济结构:在结构能力不足时,运输受阻,商品经济不发达,一旦改善条件,新的企业,特别是第三产业将随之兴起,促进商品经济发展等。对这些效果,应根据区域的资源状况和社会经济的规划做出详细的具体描述。

(2)环境影响。

交通运输,特别是公路运输对环境的影响是运输项目评价的重点之一,评价的内容主要是:对大气、噪声和灰尘的污染范围和程度;对植被的影响范围和程度;对水源、水质的影响范围和程度及对景观、历史遗迹的影响。

(3)促进民族团结、维护社会安定、抗御自然灾害和加强国防。

对于通向边境的公路运输枢纽规划项目,增强国防安全,维护民族团结和统一的目标往往是主要的。就一般的枢纽规划来说,对于维护社会秩序,保持社会安定,都有其特殊的作用,因此,应根据枢纽规划项目的特点,进行重点定性描述,充分揭示在这方面的意义。

(4)促进对外交流,增强威望。

公路运输枢纽高效率高质量的服务,不仅会加速客、货运输的周转,同时也会扩大本地区的影响,提高威望。

六、社会评价方法

在社会评价方法方面,由于社会评价指标较多,难以用货币定量表达,故一般都以定性描述为主。不过近年来,人们主张采用综合定量评价方法,如多目标分析法、层析分析法、模糊技术评价方法等进行定量评价和描述。但对于这些定量评价方法,仍有不同的看法,如一些人认为,对于社会影响因素或非定量化指标,无非是利用权重和打分的方法进行定量化,主观偏好强,不如客观地给予详细的具体描述,因为评价人员的责任是提供可靠的相似的评价信息;而另一些人认为,社会影响是一种客观的存在,所以就应该能够做出客观的评价,做出权重和分值,并且专家们通过信息交流必定会取得共识。总之,关于社会评价已经引起人们的重视,评价方法也在探索中。

第二节　经济评价

公路运输枢纽布局规划的经济评价包括国民经济评价和财务评价两大部分。

1. 国民经济评价

国民经济评价是规划建设项目评价的重要部分。它是在合理配置国家资源的前提下从国家整体的角度分析计算规划建设项目对国民经济的净贡献以考察其经济合理性。

国民经济评价所采用的通用参数，如社会折现率、影子汇率、影子工资、贸易费用率以及重要投入物的影子价格等，由国家政府有关部门组织测定、颁布并定期调整，以保证各类规划建设项目评价标准的统一性和评价结论的可比性。

(1)国民经济评价原则。

国民经济评价应遵循统一的效益和费用划分原则。

①项目的效益是指项目对国民经济所做的贡献，可分为直接效益和间接效益。

直接效益是指由项目产生并在项目范围内计算的经济效益，一般表现为增加该产出物数量满足国内需求的效益；替代其他相同或类似企业的产出物，是被替代企业减产以减少国家有用资源耗费(或损失)的效益；增加出口(或减少进口)所增收(或节支)的国家外汇等。

间接效益是指由项目引起而在直接效益中未能得到反映的那部分效益。

②项目的费用是指国民经济为项目所付出的代价，分为直接费用和间接费用。

直接费用是指项目使用投入物所产生并在项目范围内计算的经济费用，一般表现为其他部门为供应本项目投入而扩大生产规模所耗用的资源费用；减少对其他项目(或最终消费)投入物供应而放弃的效益；增加进口(或减少出口)所耗用(或减收)的外汇等。

③影子价格。

为了正确计算规划项目对国民经济所做出的净贡献，在进行国民经济评价时，原则上都应该使用影子价格。为了简化计算，在不影响评价结论的前提下，可只对其价值在效益或费用中占比重较大，或者国内价格明显不合理的产出物或投入物使用影子价格。

影子价格是在一定经济结构中以线性规划方法计算的，反映资源最优利用的价格。某种资源的影子价格不是一个固定的数值，而是随着经济结构和市场的变化而变化。当目标函数和约束条件发生变化时，整套影子价格亦随之发生变化，因此，同一资源在不同经济结构中将有不同的影子价格。

影子价格不仅取决于某一社会折现率下的国内生产价格体系，还取决于国际市场价格、影子汇率、货物稀缺程度及供应关系等诸多因素。在选用国家制订的影子价格时，要注意使用条件，条件符合时可直接选用，否则应由规划项目评价人员按照影子价格测算方法自行分析求得。

(2)国民经济评价指标。

在规划建设项目经济评价的指标体系中可分为静态指标和动态指标。静态指标是指不考虑货币的时间价值，把资金看作镜子的固定的实际数值，如简单投资收益率、静态投资回收期等指标。这类指标使用简单，适用于规划建设期很短的站场项目或计算期短的改建项目，但不能真实地反映整个寿命期内经济活动的实际经济效果。

动态指标是考虑货币的时间价值，要根据资金占用时间，按一定的折现率计算资金的价值，它能较全面真实地反映整个经济寿命期内的经济效果。

国民经济评价以经济内部收益率为主要指标。根据规划项目特点和实际需要，也可计算经济净现值等指标。

①经济内部收益率。

经济内部收益率（$EIRR$）是反映枢纽规划项目对国民经济净贡献的指标。它是枢纽规划项目在计算期内各年经济净效益流量的现值累计等于零时的折现率。其表达式为：

$$\sum_{t=1}^{n}(B-C)_t(P/F,EIRR,t)=0 \tag{8-1}$$

式中：B——效益流入量；

C——费用流出量；

$(B-C)_t$——第 t 年的净效益流量；

P——现值；

F——未来值；

n——计算期。

经济内部收益率等于或大于社会折现率表明枢纽站规划项目对国家的净贡献达到或超过了要求的水平，这时应认为规划项目是可以考虑接受的。

②经济净现值。

经济净现值（$ENPV$）是反映枢纽规划项目对国民经济净贡献的指标。它是指用社会折现率将枢纽规划项目计算期内各年的净效益流量折算到建设初期的现值之和。其表达式为：

$$ENPV=\sum_{t=1}^{n}(B-C)_t\cdot(P/F,i_s,t) \tag{8-2}$$

式中：i_s——社会折现率。

经济净现值等于或大于零表示国家为拟建枢纽项目付出代价后，可以得到符合社会折现率的社会盈余，或除得到社会折现率的社会盈余外，还可以得到以现值计算的超额社会盈余，这时就认为枢纽规划项目是可以接受的。

③经济效益费用比。

效益费用比是反映枢纽站场规划项目对国民经济的全部贡献与国民经济为枢纽规划项目付出的代价的比例关系。它等于用社会折现率折算的枢纽规划项目的全部效益现值与全部费用之比。其表达式为：

$$BCR=\frac{\sum_{t=1}^{n}B_t(P/F,i_s,t)}{\sum_{t=1}^{n}C_t(P/F,i_s,t)} \tag{8-3}$$

式中：B_t——计算期中第 t 年的效益；

C_t——计算期中第 t 年的费用。

枢纽规划项目取舍判别标准：$BCR\geqslant 1$ 可取。在多方案比选时，取 BCR 值最大的方案。

（3）国民经济评价的基本步骤。

国民经济效益费用流量是由各年的计算站务作业量、效益流量、费用流量、净效益流量和计算指标五大部分组成。

①计算站务作业量：从建设期开始，枢纽规划项目各年预计完成的站务作业量。

②效益流量：从建设期开始，站场规划项目各年的效益流入量，包括提供服务以及各种节约和新增效益等流入、计算期末回收固定资产余值、计算期末回收的流动资金以及站场规划项

目的间接效益。

③费用流量:从建设期开始,站场规划项目各年的费用流出量,包括站场规划项目固定资产的投资、流动资金的占用、更新资金、站场规划项目运营费用以及间接费用。

④净效益流量:指从站场建设期开始,站场规划项目各年的效益流入量与费用的流出量之差。

⑤计算指标:包括计算期内的经济内部收益率和国家规定的社会折现率下的经济净现值。

2. 财务评价

财务评价又称企业经济评价,国外称财务分析。

财务评价是规划建设项目经济评价的重要组成部分,是在国家现行价格和财税制度条件下,以财务预测中各种财务报表所测得的数据为依据。从规划建设项目范围内财务角度分析,计算财务盈利能力和清偿能力,据以判断规划建设项目在财务方面的可行性。

公路运输枢纽站规划建设项目的财务评价主要体现在投入产出关系上。投入主要分两部分:其一是在规划建设期内组成站场项目建设费用各部分的总投资额;其二是站场项目投产后生产运营期间的营运支出和更新费用。

产出主要指在生产运营期内枢纽站实现的营业收入,主要包括票款收入代理费、装卸、堆存、仓储、代理、管理、停车以及其他业务收入。

(1)财务评价步骤。

财务评价具体步骤如下。

①收集各项基础资料,分析公路运输枢纽站经营情况。

a. 现有生产能力调查,包括:

公路运输站场组织机构情况,各类人员编制工资构成,劳动生产率;

客货流量、流向、内外贸货物的比重,车辆主要路线和运距;

车辆到站数量、构成、类型、吨级、减载或货物实载情况以及车辆在站作业时间;

主要生产资料的构成、数量、货物吞吐量、站台利用率;

公路运输站场生产设备的配置,各种机械,运输车辆、其他设备等数量、完好率、利用率;

仓库、堆场、各种专用仓储设施、生产和生活建筑物及各项建筑物的使用情况;

站场设施,包括进出站线路、通信等。

b. 公路运输站场的财务活动情况,包括:

营运收入,成本核算,利润和分配情况;

各项资金增减和周转情况(含债券、股票等);

固定资产的种类、原值、净值、分类折旧率、大修理提存率;

站场缴纳税金的种类、缴纳标准和办法;

债务构成,借款条件,利率和还款方式;

各种业务代理和其他业务支出。

c. 主要集运方式及相应的收费办法。

②根据规划设计的生产能力,预测财务分析所需要的各项参数和确定计算条件。

财务评价预测的营运收入、营运费用、各项费收以及企业留利,应以现行财务制度为基础。依据已经发生的近几年收支报表综合详细测算,既要考虑到各项收支的上涨系数,又要考虑经济发展速度,不要过高测算各项收入,也不要过低测算各项费用,以免造成计算效益指标的失真,影响经济评价的质量。

③明确资金来源、借款条件、偿还方式。

在社会主义市场经济体制下，规划建设项目的资金来源渠道呈现多元化，主要来源有：

a. 企业本身盈利积累的资金；

b. 通过国内专业银行以贷款形式借入资金；

c. 借入国外金融组织（如世界银行、亚洲开发银行）的资金；

d. 吸引国外投资，接收国外技术和经济援助；

e. 政府或国内企业法人的投资；

f. 发行股票或债券。

上述各项资金来源，除自有资金、政府、法人投资和股票外均涉及借款条件、利率及偿还方式，因此使用借款要慎重，必须要和企业的财务效益密切结合，枢纽站建设项目本身一般应具备如期还款本息的偿还能力。

④计算各项效益指标，编制基本财务报表。

财务效益指标主要分二大类：财务盈利能力指标，包括财务内部收益率、财务净现值、投资回收期、投资利用率、资本金利润率和投资利税率等；财务清偿能力指标，包括资产负债率、借款偿还期、流动比率和速动比率等。

基本财务报表有现金流量表、损益表、资金来源和运用表、资产负债表、财务外汇平衡表。

⑤分析各项财务效益指标和提出评价意见。

计算各项财务效益指标，目的是为了弄清楚项目的盈利情况和借款偿还能力。在达不到企业的目标盈利水平和偿还借款条件时，应提出相应的建议，如改变规划前提条件或筹资方案，或向政府提出给予优惠政策等。

（2）财务评价指标。

①盈利能力分析指标。

a. 财务内部收益率。

财务内部收益率（*FIRR*）是指在整个规划期内各年净现金流量值累计等于零时的折现率，它反映规划项目占用未被收回资金的收益率，是考虑规划建设项目盈利能力的主要动态评价指标。其表达式为：

$$\sum_{t=1}^{n}(CI-CO)_t(1+FIRR)^{-t} \quad (8\text{-}4)$$

式中： CI——现金流入量；

CO——现金流出量；

$(CI-CO)_t$——第 t 年的净现金流量；

n——计算期。

在财务评价中，根据资金构成应按规划项目的全部投资，营运设施投资和自有资金分别计算财务内部收益率，将求出的财务内部收益率（*FIRR*）与行业基准收益率或设定的折现率 i_s 比较，当 $FIRR \geq i_s$ 时，即认为其盈利能力已经满足最低要求，在财务上是可以考虑接受的。

b. 财务净现值。

财务净现值是指按行业的基准收益率或设定的折现率，将规划项目计算期内的各年净现金流量折现到规划建设初期的现值的代数和。它也是考察规划建设项目在规划计算期内盈利能力的一个动态评价指标，其表达式为：

$$FNPV=\sum_{t=1}^{n}(CI-CO)_t(1+i_s)^{-1} \quad (8\text{-}5)$$

财务净现值可根据财务现金流量表计算求得。财务净现值大于或等于零的规划项目是可以考虑接受的。

c. 投资回收期。

投资回收期(p_i)是指以规划建设项目的净收益低偿全部投资(固定资产投资、投资方向调节税和流动资金)所需要的时间。它是考察规划项目财务上的投资回收能力的主要静态评价指标。投资回收期(以年表示)一般从建设开始年算起,如果从投产年算起,应予注明。其表达式为:

$$\sum_{t=1}^{p_t}(CI-CO)_t=0 \tag{8-6}$$

投资回收期可根据财务现金流量表(全部投资)中累计净现金流量计算求得。详细计算公式为:

$$投资回收期(p_t)=\left[\begin{matrix}累计净现金流量开\\始出现正值年分数\end{matrix}\right]-1+\left[\frac{上年累计净现金流量的绝对值}{当年净现金流量}\right]$$

在财务评价中,求出的投资回收期(p_t)与行业的基准投资回收期(p_c)比较,当 $p_t\leqslant p_c$,表明规划项目投资能在规定的时间内收回。

d. 投资利润率。

投资利润率是指规划项目达到规划生产能力后的一个正常生产年份的营运利润总额或生产期内的年平均利润总额与投资的比率,其计算公式为:

$$投资利润率=\frac{年营运利润总额或年平均利润总额}{规划项目总投资额}\times100\%$$

$$年营运利润=年营运收入-年总成本费用-年营业税金及附加$$

e. 投资利税率。

投资利税率是指规划项目达到规划生产能力后的一个正常生产年份的年利税总额或规划项目生产期内的年平均利税总额与总投资的比率。其计算公式为:

$$投资利税率=\frac{年利税总额或年平均利税总额}{规划项目总投资额}\times100\%$$

$$年利税总额=年营运收入-年总成本费用$$

或:

$$年利税总额=年利润总额+年营运税金及附加$$

$$规划项目总投资=固定资产投资+投资方向调节税+建设期利息+流动资金$$

②清偿能力分析指标。

a. 资产负债率。

资产负债率是反映规划项目债务人各年所面临的财务风险程度即债务人偿还能力的指标。

$$资产负债率=\frac{负债合计}{资产合计}\times100\%$$

b. 流动比率。

流动比率是反映规划项目各年流动资产偿付流动负债能力的指标。

$$流动比率=\frac{流动资产}{流动负债}\times100\%$$

c. 借款偿还期。

国内借款偿还期是指在国家财政规定及规划项目具体财政条件下，以规划建设项目投产后可用于还款的资金偿还固定资产投资国内借款本金和建设期利息所需要的时间，它反映借款偿还的能力，与银行贷款条件规定的还款期不同，其表达式为：

$$I_d = \sum_{t=1}^{P_d} R_t \tag{8-7}$$

式中：I_d——固定资产投资国内借款本金和建设期利息之和；

P_d——固定资产投资国内借款偿还期（从借款开始年计算，如从投资年算息期起时，应予注明）；

R_t——第 t 年可用于还款的资金，包括：利润、折旧、摊销及其他还款资金。

借款偿还期可由资金来源与运用表及国内借款还本付息计算表直接推算，以年表示，公式为：

$$借款偿还期 = \begin{bmatrix} 借款偿还后开始 \\ 出现赢余年份数 \end{bmatrix} - 开始借款年份 + \frac{当年偿还借款项}{当年可用于还款的资金额}$$

国外借款偿还期，规划项目利用外资，其外币借款部分的还本付息，应按已经明确的或预计可能的借款偿还条件（包括偿还方式及偿还期）计算。

当借款期满足贷款机构的要求归还期限时，即认为是有偿还能力的。

（3）财务评价基本报表。

基本报表是规划项目评价所必需的一套完整的报表，反映规划项目全面的财务状况，据此完成规定的各项评价指标的计算，否则得不到全面财务评价的结论。公路运输枢纽站规划项目的财务基本报表有以下几种。

①财务现金流量表（分为全部投资和营运设施投资所得税前、所得税后以及自由资金所得税后等表）；

②损益表；

③资金来源与运用表；

④资产负债表；

⑤财务外汇平衡表。

其中最常用的是财务现金流量表（表 8-2，表 8-3）和资产负债表（表 8-4）。

财务现金流量表（全部投资或营运设施）（单位：万元）　　表 8-2

序号	年份 / 项目	规划建设期			建成营运期					合　计
		1	2	3	4	5	6	7	…	n	
一	现金流入										
1	营运收入										
2	回收固定资产余值										
3	回收流动资金										
二	现金流出										
1	自有资金投资										
2	更新费用										
3	流动资金										
4	营运费用										

续上表

序号	年份 项目	规划建设期			建成营运期					合计
		1	2	3	4	5	6	7	…	*n*	
5	营业税金及附加										
6	所得税										
三	税前净现金流量										
四	税前累计净现金流量										
五	税后净现金流量										
六	税后累计净现金流量										

计算指标：

1. 财务内部收益率(%)；2. 财务净现值(i=%)(万元)；3. 投资回收期(年)。

财务现金流量表(自有资金)(单位:万元) 表8-3

序号	年份 项目	规划建设期			建成营运期						合计	序号	年份 项目	规划建设期			建成营运期						合计
		1	2	3	4	5	6	7	…	*n*				1	2	3	4	5	6	7	…	*n*	
一	现金流入											3	流动资金										
1	营运收入											4	营运费用										
2	回收固定资金余额											5	营业税金及其附加										
3	回收流动资金											6	借款本息偿还										
二	现金流出											7	所得税										
1	自有资金投资											三	净现金流量										
2	更新费用											四	累计净现金流量										

计算指标：

1. 财务内部收益率(%)；2. 财务净现值(i=%)(万元)；3. 投资回收期(年)。

资产负债表(单位:万元) 表8-4

序号	年份 / 项目	规划建设期			建成营运期						合计	序号	年份 / 项目	规划建设期			建成营运期						合计
		1	2	3	4	5	6	7	…	n				1	2	3	4	5	6	7	…	n	
一	资产											2	国外借款										
1	流动资产总额											3	国内借款										
1.1	应收账款											4	其他借款										
1.2	存货											5	短期借款										
1.3	现金												负债小计										
1.4	累计盈余资金											6	所有者权益										
2	在建工程											6.1	资本金										
3	固定资产净值											6.2	累计盈余公积金										
4	摊销资产净值											6.3	累计未分配利润										
二	负债及权益												计算指标										
1	流动负债总额												资产负债率(%)										
1.1	应付账款												流动比率(%)										
1.2	流动资金借款												速动比率(%)										

第三节 实施后评估

鉴于公路运输枢纽站项目规划建设是一项长达十几年的投资工程,在总体规划中有的枢纽站先建设,有的枢纽站较后建设,对于逐年建成的枢纽站实际运营效果如何,是否达到了预期目标,对后边继续建设的枢纽站将有何影响,都将是管理者需要不断了解的内容。规划→建设→评估→调整决策→规划→建设,是一个周而复始、水平不断提高的闭环系统。所以说布局规划的实施评估是枢纽站规划建设过程中一个不可缺少的环节。评估的主要目的如下:

(1)判断公路运输枢纽布局是否达到了预期效果和目标;

(2)总结建设经验,指导待建项目,取得继续建设、自我调节的客观依据;

(3)为交通运输管理部门提供可靠的科学资料,借以加强宏观指导与管理;

(4)促进各地区公路运输枢纽建设经验的交流。

一、布局规划实施评估的原则

公路运输枢纽规划建设项目的基本原则是客观、公正和科学。

1. 公证性和独立性

评估的公证性可以保证评估的价值和信誉，能保证在评估过程中发现问题、分析问题和做出结论并给予恰如其分的客观评价。为了保证做到这一点，评估的独立性是不可少的。独立性一方面标志着评估的合法性，另一方面体现着不受干扰性，评估人员从规划建设项目投资者和执行者以外的第三者角度进行评估，可避免规划建设项目决策和管理者“自己评估自己”而产生的主观性。

公证性和独立性应贯穿于评估的全过程，即从评估的计划、任务的委托和评估组的建立到评估工作的结束。

2. 可信度

评估的可信度体现评估的价值。没有可信度的评估是无价值可言的，是一个只有投入费用没有产出效益的一堆废纸。评估的可信度取决于评估者的经验水平和独立性，取决于评估过程的透明度以及信息资料的完整性、可靠性和评估采用的方法。评估可信度的一个重要标志就是要能同时反映出规划项目的成功和失败(误)之处。为此，评估组由精通各方面专业知识和经验丰富人员组成至关重要，同时规划建设项目的投资、施工、设计、地方政府和行业主管部门等管理人员参与也是必要的。规划建设项目评估一般是在规划建设项目单位自我评估基础上进行的，这样，在独立的评估人员和规划项目参与人员之间产生分歧是不可避免的，因此双方需要进行讨论和协调，以求达到某种共识。为了增加评估人员的责任感，评估报告要注明引用资料的来源或出处，评估采用的方法。最后，评估报告要把发现的问题与评估所提出的建议严格区分开来，两者不能混为一谈。

3. 实用性

为了使评估成果能对决策者或管理者发挥作用，评估报告应具有针对性强、实用、文字简明易懂的特点。评估报告要能满足规划项目有关方面的要求。实用性的另一个标志就是评估报告的时间性强，力求于短时间内完成。报告要突出重点，无须面面俱到，必要的细节可以简要描述。

二、实施评估的内容

公路运输枢纽布局规划实施的评估工作应以“评估报告”文件来体现。评估报告的主要内容包括：布局规划总体概况、规划在评估阶段组织与实施工作评价、评估阶段主要指标的变化分析、规划建设工作程序执行状况、竣工枢纽站运营情况、在建枢纽站评估、待建枢纽站布局规划评估、社会经济效益评估、评估结论及建议。

1. 总体概况

总体概况应简明扼要地介绍评估前公路运输枢纽布局规划的布局方案、规划建设实施序列以及上级有关部门的批复意见等。

2. 组织与实施工作评价

说明枢纽布局规划实施的组织执行是否顺利，评估阶段规划建设进程情况，管理力度如何，有何问题，是否对规划有所调整。

3. 主要指标的变化分析

分析枢纽布局规划中的评估指标截止阶段有何变化,今后的变化趋势怎样。

4. 程序执行状况

检查已竣工枢纽站的建设程序是否符合国家有关建设工程的建设程序,文件资料、图纸等是否达到设计要求。

5. 运营情况

对已投入营运的枢纽站、设备及营运状况对照可行性研究报告、初步设计文件等,运用对比法进行评估,枢纽站设计能力与实际能力有无差别,存在问题是什么,各项指标达标情况及原因分析,对其他枢纽站有何影响等。

6. 在建枢纽站评估

枢纽站工程建设文件是否齐备,立项条件、勘察设计、开工准备如何、资金是否到位、工程技术水平、管理水平评估,设备采购、工程进度、建设期、竣工验收及生产准备的检查等。

7. 待建枢纽站布局规划评估

待建枢纽站在评估阶段是否合适,评估阶段枢纽站适应性分析,对待建枢纽站的布局和规划建设是否需要作出调整。

8. 社会经济效益评估

对已竣工投入营运的枢纽站进行社会经济效益评估,是否达到了原枢纽站布局规划建设的预期阶段目标和效果及原因分析。

9. 评估结论及建议

枢纽站布局规划实施的评估结论应从总体上评估枢纽站布局规划的落实情况,主要指标是否达到预期的目标。评估结论应明确,如给予优、良、一般、差的等级称号,为规划的下一步实施奠定评价基准。切忌评估结论含糊不清,以走过场形式结束。

在评估报告的建议中,提出评估过程中所遇到的问题及解决途径,特别是一些经验教训,对今后或其他城市的枢纽站规划建设有一定的借鉴作用。

三、实施评估的方法

枢纽站评估方法,原则上是采用定量与定性相结合的方法。根据评估的对象和内容,常采用前后对比法。

前后对比法一般是将枢纽站规划建设项目实施前,布局规划报告中分析的情况与枢纽站规划建设完成后的实际情况加以对比,检验各项指标是否一致或有差异。但是一个规划项目的实施,是在整个国家和地区社会经济发展大环境中进行的,规划项目的逐个实施有一个过程,有时这个过程还较长,且项目的外部作用往往还是起着较大的影响,因此"前后对比"这种简单的对比方法对检查评估项目中的指标差异不应过分严格,特别是一些经济指标,相对合理即可。

前后对比法因要对比枢纽站规划项目实施前后的各项指标,历史资料已有,但规划建设实施后的指标还需要根据评估阶段的实际状况重新进行计算,方法可参照可行性研究中的方法,按照有关计算公式进行测算,但此时的有关参数可按实际值选取。

规划建设项目评估也可采用其他一些方法,如德尔菲法、层次分析法、专家讨论会等。至于采用何种方法,应根据枢纽站规划建设项目条件和评估要求而定。

四、评估结论

枢纽站规划建设项目的实施,评估结论是在综合分析的基础上做出的,即把所有各个方面的因素汇总起来加以综合分析平衡,明确结果,发现问题,找到原因,得出结论。评估总结的主要内容包括:结果和问题,成功度(或失败度)评价,建议和经验教训。评估的结果和结论应能回答评估提出的问题,经验教训要把目前与未来的发展以及相关政策联系起来。

1. 评价结果和发现的问题

对于评估所得的结果和提出的问题应该用实际数据和资料予以表述,并应重点突出。在评估总结阶段,即"诊断"阶段,必须回答两个问题:一是评估发现的最重要的问题是什么;二是根据规划项目的内容、实施和实绩,可以总结哪些要点。

2. 在评估的总结阶段,要定性评估规划项目的成功度

规划的成功度可分为下属五个等级。

(1)完全成功。

规划项目原定的各项目标已全面实现或超过。相对投入费用而言,规划项目取得巨大的经济效益和积极的社会影响。

(2)成功。

规划项目在投入、产出和时间进度上全部实现了原定的目标。按投入费用计算,规划项目获得了预期的经济效益,对社会也有良好的影响。

(3)部分成功。

规划项目在投入产出和时间上实现了原定的部分目标,或投入费用过大或施工期延长;按规划项目投入费用计算,获得了部分的经济效益,未完全达到原定目标,但对社会发展大作用和影响是积极的。

(4)不成功。

规划项目在投入产出和时间上只是实现了原定的少部分目标。按投入费用计算,效益很小,得不偿失,或效益难以确定,规划项目对社会发展没有或只有极小的积极作用和影响。

(5)失败。

规划项目的原定目标没有实现,效益为零或负值;规划项目对社会发展的作用和影响是消极或有害的;或由于某种原因规划项目被终止或撤销。

根据规划项目的特点和评估结果,成功度评估也可简化为三个等级,即为:成功、部分成功和不成功(或失败)。

3. 评估建议

规划项目评估的建议是根据规划项目存在问题的"诊断"和综合分析,对今后的工作提出改进意见。建议应该是实事求是、简明易懂和可操作的。建议的要点一般包括:为完善规划项目需要做什么,由谁来做,什么时间做好,对未来同类规划项目应采取哪些具体措施等。

4. 经验教训

规划项目存在的问题和经验总结应限于规划项目本身的范围。经验教训包括正反两方面,即肯定和否定的内容。因此,评估应明确区分好的、正确的和积极的方面与坏处、缺点和不正确的方面。

总之,进行枢纽站规划项目的实施评估时,评估人员要根据规划项目的性质、目的和内容、可得到的资料信息和其他条件,突出重点开展工作,取得公正、可信、准确的评估结论。

第九章　公路运输枢纽站场工程可行性研究

公路运输枢纽规划编制完成后，按照一定的程序报政府有关部门审批，以获得规划的合法性和权威性。进入规划建设年度时，按照建设程序文件系列里要求建设单位编制项目建议书。建设单位结合规划，可开展机会可行性研究（或预可行性研究），即对项目进行意向性研究。这种研究比较粗略，主要靠笼统的估计而不是依靠详细的分析，费用数据一般从可比较的现有项目中参考得出。在此基础上编制项目建议书并获批准后，方可进行下一步的可行性研究。可行性研究视工程的规模一般分两阶段，即初步可行性研究和工程可行性研究。对小型不复杂的工程亦可直接进行工程可行性研究。工程可行性研究经上级主管部门审查批准后，可编制设计任务书。

第一节　可行性研究的目的

可行性研究方法是以预测为前提，以投资效果为目的，从技术上、经济上、管理上进行全面综合分析研究的方法。可行性研究的基本任务，是对新建或改建项目的主要问题，从技术经济角度进行全面的分析研究，并对其投产后的经济效果进行预测，在既定的范围内进行方案论证的选择，以便最合理地利用资源，达到预定的社会效益和经济效益。

美国是最早开始采用可行性研究方法的国家。20 世纪 30 年代，美国开始开发田纳西流域，田纳西流域开发能否成功，对当时美国经济的发展关系重大。为保证田纳西流域的合理开发和综合利用，开创了可行性研究的方法，并获得成功。第二次世界大战以后，西方工业发达国家普遍采用这一方法，广泛地应用到科学技术和经济建设领域，已逐步形成一整套行之有效的科学研究方法。可行性研究的内容很广泛，一般包括市场研究、工程建设条件研究、采用工艺技术研究、管理和施工研究、资金和成本研究、经济效益研究等内容。

我国进行可行性研究起步比较晚。改革开放以后，西方可行性研究的概念和方法逐渐引进，国家有关部门和高等院校多次举办讲习班，培训了一批骨干。同时国家经济建设主管部门对一些重大建设项目，如宝钢、石油化工引进装置、核电站、山西煤炭开发等，多次组织专家进行可行性分析和论证。我国自 1981 年开始正式将可行性研究列入基建程序。国务院 1981 年 30 号文件《关于加强基本建设计划管理，控制基本建设规模的若干规定》和 1981 年 12 号文件《技术引进和设备进口工作暂行条例》中明确规定所有新建、扩建的大中型项目，都要在经过反复周密的论证后，提出项目可行性研究报告。1983 年国家计委颁发计资[1983]116 号文件《关于建设项目进行可行性研究的试行管理办法》，其中规定，可行性研究一般采取主管部门下达计划或有关部门、建设单位同设计或咨询单位进行委托的方式。目前，可行性研究在我国已经普遍受到重视，并取得一定成效。

投资前期是决定建设工程经济效果的关键时期，是研究和控制的重点。如果在实施中才发现工程费用过高，投资不足，或工艺方案不合理等问题，将会给投资者造成巨大损失。因此，无论是发达国家还是发展中国家，都把可行性研究视为建设工程的重要环节。投资者为了排除盲目性,减少风险,在竞争中取得最大利润,宁肯在投资前花费一定的代价,也要进行投资项目的可行性研究,以提高投资获利的可靠程度。

总之,可行性研究主要回答项目建设的必要性、工艺技术方案的可行性、投资效益的合理性三个问题。

第二节 可行性研究方法

可行性研究的方法,基本上可以从两种角度去理解:第一类方法是用语言形式表述的,第二类是用数学形式表述的。前者体现出概念、步骤、项目与分析等,后者体现出算式、数据处理、运算理论和计算方法等。这两种方法是相辅相成的。

可行性研究是对项目的事先研究,为正确决策奠定坚实的基础,这就需要科学的预测方法。因此,在进行可行性研究时,至少涉及到如下三个方面:预测、评价和多目标决策。

第三节 可行性研究步骤

可行性研究步骤如下:

(1)明确任务。应尽可能一开始就弄清任务的实质所在,避免在可行性研究中不断地变化,增加任务的内容。

(2)明确目标。在明确任务的基础上,尽可能把任务归结为几个明确的工作目标,确定工作范围。

(3)调查研究,进而判断目标是否合理,如果不合理,则宜按反方向箭头,重新审定任务和工作目标。

(4)按照多目标决策原理,建立评价指标体系,为评价打下基础。如果发现指标不合理,则应重新制订评价指标体系,甚至进一步要重新审定任务和工作目标。

(5)预测。

(6)制订多种方案。

(7)评价并判定方案是否令人满意。如果不能令人满意,宜重新制订方案,甚至进一步重新修改评价指标体系。

(8)进入决策阶段。

(9)确定方案,并判断在执行中是否会有问题。如果有问题,则要重新决策,甚至重新审定以往各项步骤。

(10)如果没有问题,或者因为在执行中而无法再进一步改进,就应该做出结论,写出可行性研究报告。

(11)结束。可行性研究的全过程宣告结束。当估计执行中会发生问题而又再也找不到更好的方案;或者论证通不过而又不可能重新修改方案;或者审批通不过而又不可能重新修改决策情况发生的时候,也都可直接进入结束阶段。

第四节 可行性研究内容

可行性研究的主要内容应包括以下几个方面。

1. 总论

说明项目背景，改、扩建项目原站场概况，投资必要性和意义，研究工作的依据和范围。

2. 市场需求和拟建规模

说明本地区的现有生产力，市场的需求和预测，站场之间竞争的能力；拟建项目的规模，合理规模的技术经济比较和分析。旧站场技术改造与新建项目的技术经济比较和分析。

3. 资源、原材料及公用设施情况

评述资源供应情况、说明原材料种类、数量及来源；公用设施的数量、供应方式和条件。

4. 站址方案和建站的条件

说明站址布局的合理性，建站的地理位置和自然、社会、经济条件、交通运输和水、电、气等能源供应的现状和发展趋势；站址方案的比较与选择意见。

5. 方案的设计

方案设计包括全站总体布置、站场内外交通运输方式的选择、生产的方式和方法、主要技术工艺和设备选型、全站土建结构和工程质量估算及公共辅助设施等内容。

6. 环境保护

环境现状描述，三废治理和回收；对环境影响的预测评价。

7. 企业组织，人员定额

8. 实施进度计划

实施进度计划包括勘察设计、设备定货、调试、工程施工的全周期和投产时间。

9. 投资估算和资金筹措

各项工程及外部协作配套工程的资金估算和建设资金的总计，生产流动资金的估算；资金来源，筹措方式、数额和利率估计以及贷款的偿付方式。

10. 产品成本估算

各项原材料消耗定额、价格、工种费用的定额指标；工资标准；折旧、税金、利息及总成本与单位成本估算。

11. 效益与评价

财务评价、国民经济评价和评价结论。对建设项目的经济效果要进行静态、动态分析，不仅要计算项目本身的微观效果，而且要衡量项目对国民经济发展产生的宏观效果和影响。

12. 结论

13. 附件

附件包括附图、附表和协议文件等。

第五节　可行性研究结论

从可行性研究的内容可以看出，可行性研究是确定该工程项目是建设还是放弃（或暂停）的重要科学依据，也是限定该工程项目规模大小、建设周期、资金筹措等有关实施该工程项目的核心。因此，必须在调查研究的基础上，采用科学的方法，反映客观存在的矛盾，尊重经济规律，实事求是，使可行性研究报告确实起着“把关作用”，使工程项目投产后能达到预期的效果，减少风险。应该特别注意到，可行性研究结果包括“可行”与“不可行’两种可能。有时得出“不可行”的结果，也是一个成功的可行性研究报告，因为它使国家避免了投资的浪费。切忌那种开展可行性研究必定“可行”的不实事求是的作风。

附录一　公路运输枢纽总体规划编制办法

交　通　部

第一条　为使公路运输枢纽总体规划（以下简称总体规划）编制工作规范化、科学化，确保规划质量，制定本办法。

第二条　总体规划是公路运输枢纽建设前期工作的重要环节，是指导公路运输站场建设的重要依据。总体规划的主要任务是确定公路运输枢纽规划区范围内客货运输站场的总规模、数量和布局，初步确定各站场的站址、性质和功能、生产能力和技术等级、建设规模和控制用地，并提出实施措施和建议等。

第三条　总体规划应符合以下要求：适应国民经济和社会发展的需求，满足全面、协调、可持续的科学发展观的要求；符合城市总体规划，与土地利用规划、交通发展规划等相协调；充分考虑综合交通运输发展的需要，与水运港口、铁路站场、航空港以及城市公共交通相衔接；充分发挥公路运输优势，与公路路线和城市干道、公路运输组织和信息化等相匹配。

第四条　总体规划及研究报告的主要内容应包括：规划背景及必要性、规划指导思想和目标、功能定位、布局规划、信息系统规划、实施安排和政策措施等（详见附件一《公路运输枢纽总体规划研究成果及内容要求》）。

第五条　总体规划的范围原则上控制在枢纽所在地城市总体规划用地范围内。

第六条　总体规划的期限为 10～20 年。

第七条　总体规划在省级交通主管部门组织协调下，由公路运输枢纽所在城市（以下简称枢纽城市）交通主管部门组织编制。

第八条　承担总体规划编制任务的单位，应当具备工程咨询甲级资格，并具有相关领域的经验和业绩。在编制过程中，应组织经济、技术、工程等相关专业人员进行深入调查和分析论证。总体规划编制要符合国家有关政策、法规及技术标准、规范的要求。

第九条　国家公路运输枢纽总体规划由国务院交通主管部门和省级人民政府联合审批；其他公路运输枢纽总体规划由枢纽城市人民政府会同上一级人民政府交通主管部门审批。

第十条　公路运输枢纽总体规划是城市总体规划的重要组成部分，批准后应及时纳入城市总体规划。

第十一条　批准后的总体规划是确定公路运输枢纽投资项目的依据。在实施过程中，可根据城市总体规划以及经济社会和交通运输的重大变化及时进行调整，提出修编报告，按程序报原审批机关审批。

第十二条　总体规划文本的幅面尺寸统一按 A4（210mm ×297mm）装帧，封面采用湖蓝色。

第十三条　本办法适用于国家公路运输枢纽总体规划的编制、修编，其他公路运输枢纽总体规划的编制、修编可参照本办法执行。

第十四条 本办法由交通部负责解释。

第十五条 本办法自颁布之日起施行。交通部一九九六年一月二日颁发的《公路主枢纽总体布局规划编制办法》同时废止。

附件一 公路运输枢纽总体规划研究成果及内容要求

公路运输枢纽总体规划研究成果由两部分组成,一是公路运输枢纽总体规划;二是公路运输枢纽总体规划研究报告,包括客运枢纽总体规划研究报告和货运枢纽总体规划研究报告。

一、公路运输枢纽总体规划

在客、货运输枢纽总体规划研究报告的基础上,进行说明、汇总和提炼,形成总体规划。总体规划应文字简练、数据准确、图表清晰,理念新颖、结论明确、方案科学可行。

(一)规划背景

概述规划的相关背景和主要依据,明确规划范围和规划期限。

(二)规划的必要性

概述公路运输枢纽在经济社会、交通运输发展中的地位、作用,以及规划的必要性。

(三)规划的指导思想和目标

概述公路运输枢纽总体规划的指导思想和规划目标。

(四)功能定位

1. 战略定位

概述公路运输枢纽的战略定位。

2. 市场需求

概述公路运输枢纽的服务对象及其对公路运输枢纽的需求。

3. 枢纽功能

概述公路运输枢纽的主要功能。

(五)布局规划

1. 需求预测

主要客、货运输指标预测结果。

2. 客运枢纽站场布局方案

概述公路客运枢纽站场的数量、布局、功能、能力、等级、规模等。

3. 货运枢纽站场布局方案

概述公路货运枢纽站场的数量、布局、功能、能力、规模等。

(六)信息系统规划

1. 客运枢纽信息系统规划设想

2. 货运枢纽信息系统规划设想

(七)实施方案和近期建设重点

提出公路运输枢纽实施方案和近期建设的重点项目。

(八)政策与措施

提出公路运输枢纽建设实施相应的政策措施。

二、客、货运输枢纽总体规划研究报告

客、货运输枢纽总体规划研究报告应根据枢纽城市及其影响范围内经济社会、交通运输发展的趋势及特点，围绕以下内容进行分析预测和研究论证。

(一)客运枢纽总体规划研究报告

1. 经济社会和交通运输发展现状

(1)经济社会。

分析枢纽城市经济社会的发展现状，研究其对外经济联系，城市空间布局、功能分区、人口分布等。

(2)交通运输。

分析研究枢纽城市及相关区域交通基础设施和综合运输发展的现状及特点，主要包括：交通区位特点；各种运输方式的基础设施现状及在全社会旅客运输中所占份额；旅客流量、流向；旅客出行特点；城市交通的发展状况等。

(3)客运站场适应性评价。

分析研究公路客运站的现状、存在问题和适应性。

2. 经济社会、交通运输发展趋势和规划的必要性

(1)经济社会发展目标。

根据国家、区域、枢纽城市宏观经济发展战略及规划，综合分析规划期内枢纽城市经济发展的宏观态势，预测经济社会主要指标。

(2)城市规划。

根据枢纽城市总体规划，概述城市性质与规模，城市发展空间布局，功能分区，居住、公交、对外交通等用地分布，城镇发展战略等。

(3)综合交通规划。

根据枢纽城市综合交通发展规划，分析未来旅客运输交通体系的构成，各种交通方式的发展趋势等。

(4)公路旅客运输发展趋势。

根据经济社会和交通运输发展趋势，分析枢纽城市公路旅客运输的发展态势和特点。

(5)规划的必要性。

研究客运枢纽在经济社会及交通运输发展中的地位和作用，规划建设的必要性。

3. 市场需求分析与预测

(1)市场需求分析。

借鉴国内外客运枢纽及站场的发展经验，根据枢纽城市对外经济交通联系及公路旅客运输发展趋势和特点，分析研究公路客运枢纽的服务对象、辐射范围，及其对客运枢纽的需求。

(2)客运枢纽功能。

根据客运枢纽的服务对象及需求，研究客运枢纽的服务功能。

(3)主要运量指标预测。

分析预测规划期目标年及特征年主要客运量指标，包括全社会客运量、公路客运量、分方向或分区域公路客运量、客运枢纽站场发送量等。

4. 站场布局规划

(1)指导思想、目标和原则。

研究确定站场布局规划的指导思想、目标和原则。

(2)站场布局影响因素分析。

综合分析各种影响因素对客运枢纽站场布局的影响和要求,包括:城市的空间布局、功能分区、人口分布,旅游资源分布;城市对外交通通道及主要出入口,其他运输方式客运站场布局,城市公交枢纽站场布局;主要客源点分布及集疏运需求,旅客流量流向特点;枢纽站场的用地条件、交通组织、集疏运条件、环保要求等。

(3)布局方案论证。

①站场数量:根据目标年(特征年)站场发送量等,采用定量计算与定性分析相结合方法,合理确定客运枢纽需设置的站场数量及构成。

②站场布局:综合考虑影响布局的各种因素,采用理论与实际相结合的方法,优化论证和确定客运枢纽站场的选址方案。

③站场功能:根据市场需求分析与预测,结合客运枢纽站场的布局,明确各客运站场的具体功能与业务分工。

④站场等级和用地规模:根据各客运站场的发送量及功能,确定站场技术等级,测算用地规模,明确控制用地。

5. 客运枢纽信息系统规划

(1)构建目标。

根据枢纽城市公路客运信息系统的发展现状及发展需求,科学地确定客运枢纽信息系统的构建目标。

(2)规划设想。

根据旅客出行、运输组织、运营管理、行业管理等对信息化发展的需求,规划确定信息系统的功能、结构和主要建设内容。

6. 实施方案

(1)政府、企业在客运枢纽建设中的职责。

根据公路客运枢纽经济属性特点,明确政府、企业在客运枢纽建设中的主要职责。

(2)建设模式和投融资方式。

根据枢纽城市经济发展水平,交通运输企业改革情况,公路客运站场经营管理方式等,研究提出客运枢纽站场的建设模式、投融资方式等。

(3)实施安排和近期建设重点。

根据市场需求和规划目标,提出客运枢纽及站场实施安排和近期建设的重点项目等。

7. 措施与建议

研究提出保障公路客运枢纽规划顺利实施应采取的政策措施和建议。

(二)货运枢纽总体规划研究报告

1. 经济社会和交通运输发展现状

(1)经济社会。

分析枢纽城市经济社会的发展现状,重点研究支柱产业、商业、贸易等发展水平和特点。

(2)交通运输。

分析研究枢纽城市及相关区域交通基础设施和综合运输发展的现状及特点。主要包括:交通区位特点;各种运输方式的基础设施现状及在全社会货物运输中所占份额;主要货类流量、流向等。

(3)物流业。

概述枢纽城市物流业的发展状况,第三方物流服务的总体发展水平,主要包括:物流基础设施的发展现状;物流服务企业的数量、规模、服务内容以及组织化和专业化水平;集装箱运输发展现状等。

(4)货运站场适应性评价。

分析研究公路货运站场的现状、存在问题和适应性。

2. 经济社会、交通运输发展趋势和规划的必要性

(1)经济社会发展目标。

根据国家、区域、枢纽城市宏观经济发展战略及规划,综合分析规划期内枢纽城市经济发展的宏观态势,预测经济社会主要指标。

(2)产业发展趋势。

根据枢纽城市产业发展规划,分析未来产业发展方向、特点和水平,主导产业的类型和布局等。

(3)城市规划。

根据枢纽城市总体规划,概述城市性质与规模,工业、仓储、商贸等用地分布,城镇发展战略等。

(4)综合交通规划。

根据枢纽城市综合交通发展规划,分析未来货物运输交通体系的构成,各种交通方式的发展趋势等。

(5)公路货物运输发展趋势。

根据经济社会和交通运输发展趋势,分析枢纽城市公路货物运输的发展态势和特点。

(6)现代物流发展趋势。

根据国内外现代物流业尤其是集装箱运输的发展趋势,以及支柱产业、商业、贸易等发展特点,分析枢纽城市现代物流业、集装箱运输的发展态势。

(7)规划的必要性。

研究货运枢纽在经济社会及交通运输发展中的地位和作用,规划建设的必要性。

3. 市场需求分析与预测

(1)市场需求。

借鉴国内外货运枢纽及站场的发展经验,根据枢纽城市产业特点,以及现代物流和公路货物运输的发展趋势,分析研究公路货运枢纽的主要服务对象(包括主要企业及货物类型)及其对货物运输、货运枢纽的服务需求。

(2)货运枢纽功能。

根据货运枢纽的服务对象及需求,研究货运枢纽的服务功能。

(3)主要运量指标预测。

分析预测规划期目标年及特征年主要货运指标,包括全社会货运量、公路货运量、分方向或分区域公路货运量、主要货类及集装箱运量、货运枢纽站场吞吐量和主要作业量等。

4. 站场布局规划

(1)指导思想、目标和原则。

研究确定货运站场布局规划的指导思想、目标和原则。

(2)站场布局影响因素分析。

综合分析各种影响因素对货运枢纽站场布局的影响和要求，包括：城市的空间布局、功能分区，产业空间布局；城市对外交通通道及主要出入口，其他运输方式货运站场布局，物流园区及城市商业配送设施规划布局；主要货源点分布及集疏运需求，货物流量流向及主要货类构成；枢纽站场用地条件、交通组织、集疏运条件、环境保护要求等。

(3)布局方案论证。

①站场数量：根据目标年(特征年)站场作业量等，采用定量计算与定性分析相结合的方法，合理确定货运枢纽需设置的站场数量及构成。

②站场布局：综合考虑影响布局的各种因素，采用理论与实际相结合的方法，优化论证和确定货运枢纽站场的布局和选址方案。

③站场功能：根据市场需求分析与预测，结合货运枢纽站场的布局，明确各站场的具体功能与业务分工。

④用地规模：根据各货运站场的吞吐量、作业量及功能，测算各站场的用地规模，提出控制用地需求。

5. 货运枢纽信息系统规划

(1)构建目标。

根据枢纽城市公路货运信息系统的发展现状，以及货物运输和现代物流发展需求，科学确定货运枢纽信息系统的构建目标。

(2)规划设想。

从满足货主、运输企业、物流企业等使用者，以及行业管理和货运站场运营管理的需求出发，规划确定信息系统的功能、结构和主要建设内容。

6. 实施方案

(1)政府、企业在货运枢纽建设中的职责。

根据公路货运枢纽经济属性特点，明确政府、企业在货运枢纽建设中的主要职责。

(2)建设模式和投融资方式。

根据枢纽城市经济发展水平，交通运输企业改革情况及经营机制等，研究提出货运枢纽站场的建设模式、投融资方式等。

(3)实施安排和近期建设重点。

根据市场需求和规划目标，提出货运枢纽及站场实施安排和近期建设的重点项目等。

7. 措施与建议

研究提出保障公路货运枢纽规划顺利实施应采取的政策措施和建议。

三、主要图表

(一)主要插图

1. 交通、地理区位示意图

直观反映枢纽城市在区域中的位置。

2. 交通基础设施现状示意图

标示出规划范围内城市主要干道(包括轨道交通)、对外交通线网，主要港口、航空港、铁路枢纽，以及主要公路运输站场等交通基础设施的现状分布。

3. 城市总体规划示意图

标明城市规划区域和城市规划建设用地范围，标示出城市的功能分区、规划的主要城市干道(包括轨道交通线路)、重要的对外交通设施等。

4. 产业布局规划示意图

根据枢纽城市产业布局规划,标明主要产业的空间布局。

5. 城市对外交通干线规划示意图

标示出城市未来对外通道,包括铁路、公路、过境环线、主要出入口等布局情况。

6. 公路运输枢纽客运站场布局规划示意图

标示客运枢纽规划站场的位置。

7. 公路运输枢纽货运站场布局规划示意图

标示货运枢纽规划站场的位置。

(二)主要表格

1. 主要经济社会发展指标

列出枢纽城市历年经济社会主要指标的统计值及年平均增长速度,数据年限原则上不少于10年。

2. 客(货)运输量指标

列出枢纽城市历年客(货)运量、周转量的统计值,数据年限原则上不少于10年。

3. 公路客(货)运站场现状

列出枢纽城市现有各类客、货运站场基本情况。

4. 经济社会主要指标预测

列出规划期内目标年及各特征年的经济社会主要指标预测值及各时期的增长速度。

5. 主要运输指标预测

列出规划期内目标年及各特征年公路客运量、货运量、集装箱运量、客运站场发送量、货运站场吞吐量和作业量等。

6. 公路运输枢纽站场规划方案

汇总列出规划布局的客、货运站场名称、位置、等级、客运发送能力、货运吞吐量和作业能力、用地规模、主要功能等。

四、其他附件

其他附件包括有关政府批件、会议纪要等附后。

附件二　国家公路运输枢纽总体规划及研究报告格式要求

一、封面格式

××公路运输枢纽总体规划

××省(自治区、直辖市)交通厅(委)

××市交通局(委)

年　　月

二、目录格式

目　　录

附件三　国家公路运输枢纽客(货)运枢纽总体规划研究报告格式要求

一、封面格式

××公路运输枢纽

客(货)运枢纽总体规划研究报告

××市交通局(委)

咨询单位

年　　月

二、扉页(1)格式

编 制 单 位：××市交通局(委)
单位负责人：　　(签字)
项目负责人：　　(签字)
参 加 人 员：

三、扉页(2)格式

咨 询 单 位：　　(盖章)
咨询证书等级：
发 证 机 关：
证　书　号：

咨 询 单 位：
单 位 主 管：　　(签字)
单位技术主管：　　(签字)
部 门 主 管：　　(签字)
项 目 负 责 人：　　(签字)
参 加 人 员：

四、扉页(3)格式

《工程咨询资格证书》正本缩影件

(25×18cm)

五、目录格式

目　　录

1. ………………………………………………………… (页码)
1.1 ……………………………………………………… (页码)
1.2 ……………………………………………………… (页码)
·
·
·
2. ………………………………………………………… (页码)
·
·
·

附录二　公路运输站场投资项目可行性研究报告编制办法

（征求意见稿）

交　通　部

第一条　为保证公路运输站场投资项目前期工作规范化、科学化，提高公路运输站场投资项目可行性研究的质量，特制定本办法。

第二条　公路运输站场投资项目可行性研究是对项目建设的必要性、技术的可行性、经济的合理性和实施的可能性进行综合研究论证的工作，是投资项目立项、决策的依据。

第三条　公路运输站场投资项目可行性研究的主要内容一般应包括：建设的必要性；市场分析与需求预测；建设规模与站址选择；建设方案；环境保护、劳动安全与消防；实施方案；投资估算及融资方案；财务评价及经济社会影响分析；风险分析等。

第四条　根据研究内容和研究深度的不同，公路运输站场投资项目可行性研究工作分初步可行性研究和可行性研究两个阶段。纳入国家公路运输枢纽布局规划且总体规划已被批准的站场建设项目，可直接进行可行性研究；其他项目按省（自治区、直辖市）有关规定执行。

第五条　初步可行性研究报告以项目所在地和相关地区经济社会发展规划、城市总体规划、公路运输规划、公路运输枢纽规划为依据，重点阐明项目建设的必要性，通过调查分析和研究论证，提出建设项目的主要功能、总平面布置、建设方案、建设规模，并进行简要的经济效益分析。初步可行性研究报告作为编制项目建议书的依据。

可行性研究报告，应全面反映第三条所规定的研究内容，应通过实地调查，并根据站场用地条件、进出通道情况，重点研究站场的功能、生产工艺和平面布置，从技术、工艺、建设费用、经济效益、环境影响等方面，对站场的不同建设方案进行综合分析论证和优化比选，提出推荐方案，确定建设规模，估算项目投资，评价项目的经济效益。批准后的可行性研究报告作为项目初步设计的主要依据。

第六条　公路运输站场投资项目必须具有明确的业主单位。

可行性研究报告编制工作应委托具有相应资质证书的咨询单位承担。

第七条　咨询单位应组织有经验的经济、技术和管理人员进行深入调查和分析论证。编制工作必须实事求是，保证研究内容的科学性和客观性。

研究报告应数据准确、内容全面、论据充分、结论明确，满足业主决策的要求并能指导项目的初步设计。

第八条　公路运输站场投资项目可行性研究报告应按照附件《公路运输站场投资项目可行性研究报告文本格式及内容要求》进行编制，初步可行性研究报告可适当简化。初步可行性研究和可行性研究报告的编制应符合国家有关政策、法规及技术标准、规范的要求。

第九条 公路运输站场投资项目可行性研究报告按现行投资项目审批权限报批。国家公路运输枢纽站场投资项目可行性研究报告的批复文件应报交通部备案。

第十条 公路运输站场投资项目可行性研究报告的幅面尺寸统一按 A4(297mm × 210mm)装帧。初步可行性研究报告的封面颜色采用淡黄色,可行性研究报告的封面颜色采用墨绿色。

第十一条 本办法适用于国家公路运输枢纽站场投资项目可行性研究报告的编制,其他公路运输站场投资项目可行性研究报告的编制可参照本办法执行。

第十二条 本办法由交通部解释。

第十三条 本办法自 年 月 日起施行。

附件一 公路运输站场投资项目可行性研究报告文本格式及内容要求

一、封面格式

××站可行性研究报告 (咨询单位) 年 月

二、扉页(1)格式

××站可行性研究报告

咨询单位：　　　　（盖章）
咨询证书等级：
发证机关：
证 书 号：

参加单位：　　　　（盖章）

三、扉页(2)格式

咨询单位：

单位主管：　　　　(签章)

单位技术主管：　　(签章)

部门主管：　　　　(签章)

项目负责人：　　　(签章)

参加人员：　　　　(职称)

参加单位：

单位主管：　　　　(签章)

主办人：　　　　　(职称)

参加人员：　　　　(职称)

四、目录格式

目　录

五、内容要求

1. 概　　述

1.1　项目背景

1.1.1　业主单位的基本情况

包括单位性质、经营或服务的主要业务、资金和人力资源拥有的状况等。

1.1.2　可行性研究报告编制依据

1.1.3　项目提出的理由及过程

简述项目提出的理由、意义及研究工作的过程。

1.2　项目概况

1.2.1　项目地理位置

1.2.2　建设条件

围绕出入交通、水文地质、市政工程配套设施等方面，简述项目的建设条件。

1.2.3　主要功能、建设规模和主要技术经济指标

说明拟建项目的市场定位、主要功能、设计生产能力、占地规模以及主要的技术经济指标。

1.2.4　建设时间安排

说明项目的开工建设年份和投入运营年份。拟分期建设的站场项目，提出分期实施设想。

1.2.5　项目投资及效益

概述项目所需要的总投资，以及预期达到的主要财务评价指标。

2. 市场分析与需求预测

2.1　外部环境分析

2.1.1　经济社会及交通运输发展现状及特点

结合项目的特点和需求预测的需要，分析研究项目所在地行政区划、人口以及经济发展的现状。

分析研究项目所在地公路与其他运输方式交通基础设施和运输发展的现状及特点，评估拟建项目对相关领域带来的影响。

客运站建设项目，主要分析公路客运和其他运输方式客运（包括客运市场和城市公交）的状况与特点；货运站建设项目，主要分析公路货运和其他运输方式货运（包括货运市场）以及物流发展的状况与特点。

若拟建项目所提供的服务可能会覆盖到项目所在地以外的其他地区，则还应对这些地区的经济社会和交通运输发展状况及其对拟建项目相关领域的影响进行分析。

2.1.2　经济社会及交通运输发展趋势

分析项目影响区域内经济社会和交通（包括基础设施和运输）发展的趋势，研究经济社会和交通未来发展趋势对拟建项目相关领域所带来的影响及变化需求。预测经济社会、交通运输主要指标发展水平。

货运站建设项目，还应重点分析项目影响区域内物流的发展趋势、发展规划及其对拟建项目相关领域所带来的影响及变化需求。

2.2　市场现状

2.2.1　市场供给现状

结合拟建项目拟介入的市场领域，深入调查与分析项目相关区域内运输市场的发展状况，包括市场规模和水平，现有相关企业的数量、结构、经营情况、服务水平、服务理念、服务功能、运输效率、运输安全、运价水平，以及法规政策、政府导向等。

2.2.2　市场需求或容量

从布局、功能、规模、能力、运营等方面，分析评估现有站场提供服务的适应状况以及存在的主要问题，结合市场需求特点及变化趋势，研究市场容量。货运站建设项目，还应对相关的物流中心、物流园区、大型商品交易市场（或批发市场）进行分析；客运站建设项目，还应对相关的城市公共交通枢纽站进行必要的分析。

2.3　目标市场分析及项目功能研究

根据市场现状分析，确定项目的预期目标（包括服务面和层次、站场类型、在同行业的水平等）；综合项目影响区域内市场结构、市场需求、供需情况、经济发展水平、同行业收费标准等情况，研究项目的目标市场，分析项目的竞争力，确定项目的服务功能或服务方案，预测服务价格。

2.4　服务作业量预测

2.4.1　预测的基本思路和方法。

2.4.2　主要服务作业量预测

针对项目的功能，分项预测全社会和目标市场站场作业量的需求量，充分考虑并把握项目影响区域内相关领域内市场供给的情况，预测各种功能的运输服务所能占到的市场份额，从而预测拟建项目主要服务的作业量。

3. 建设规模与站址选择

3.1　设计生产能力

根据市场需求分析和作业量预测结果，综合考虑站场的设计年限、合理生产规模、资金情况、建设条件等因素，确定建设项目的设计生产能力。

3.2　建设规模需求

参照有关标准或者参考国内外类似项目的建设经验，研究确定主要建设指标，测算主要设施的需求规模以及拟建项目占用的土地面积。

3.3　站址备选方案的提出

根据占地需求，以及项目在生产、组织、作业过程中所要求的基本条件，选择两个或以上可行的符合有关规划（如城市、运输、交通、物流、环保等）的站址作为备选方案，并论述各备选站址的位置、交通组织、可提供的用地规模等建设条件。

3.4　站址优化与确定

综合分析各站址备选方案的用地规模、交通、水文、地质以及相关市政配套设施条件（如供电、给排水、电信等），对不同站址进行优化比选，提出推荐的站场位置。

4. 建 设 方 案

4.1 站场内部生产业务流程

根据站场的类型和主要功能,拟定生产业务流程。

4.2 主要作业工艺方案及主要设备配备

针对拟建项目生产业务流程中的主要技术环节或主要工序提出组织、作业、管理和服务的方法、方式(或技术)。对核心或重要技术环节的工艺方案,要从工程、技术、经济、安全等方面进行多方案比选,从中确定最优方案。

参照有关标准、规范,或参考国内外类似项目的建设经验,分析并提出满足项目功能和符合项目工艺方案作业要求的主要设施设置方案,以及主要设备的类型和数量。

4.3 总平面布置

根据站场的类型和主要功能,在研究生产业务流程和站内主要作业工艺方案的基础上,综合考虑项目用地特点、建设需求、功能分区设置、各功能分区的作业性质、功能分区之间的作业联系、进出交通条件,以及站内站外交通组织的要求等因素,拟定总平面布置备选方案。

分析研究各备选方案在人、车、货和作业机具流向的合理性、顺畅性,以及站内作业的便利性,并综合考虑消防、安全、美学、用地面积和其他技术经济指标,论证各方案的优缺点,通过多方案优化比选,确定总平面布置推荐方案。

4.4 土建工程和配套工程

根据项目的平面布置方案和作业要求,参照有关标准规范,通过多方案比选,提出主要建筑物、构筑物的结构型式和工程量测算。

提出站区内各项配套工程和附属工程(给排水、供电、消防、安全、通信、采暖、照明、通风工程等)的设(配)置方案。

4.5 信息系统

根据项目生产作业要求,研究提出建立信息系统的功能设置,以及满足站场在组织、调度、监控、统计、财务、办公、信息服务等方面所需要的信息要求及软硬件配置和开发方案。

4.6 技术经济指标

测算汇总推荐方案所需各项设施的工程量和车辆、机械、计算机、通信等设备的种类、数量以及主要建设指标(如总占地面积、总建筑面积、总构筑物面积、绿化用地面积、预留用地面积、建筑密度、土地容积率、绿地率等)。

5. 实 施 方 案

5.1 建设工期

综合考虑目标市场的发展需求、拟定的建设方案,以及资金约束等因素,研究提出合理的建设工期安排和实施计划。

5.2 组织机构和人员配置

根据项目的经营性质、经营体制以及项目的生产特点和生产运营需要,研究提出项目组织机构设置方案,确定人员配置方案。

6. 环境影响、劳动安全与消防

6.1 环境影响与保护

分析项目在施工和运营过程中对环境带来的影响，提出相应的环境保护措施。

6.2 劳动安全

分析项目实施和运营过程中影响劳动者身体健康和生产安全的因素（危害的物品、部位、场所等）以及影响范围和程度，研究提出相应的安全措施和方案。

6.3 消防

根据可能存在的火灾隐患和重点消防部位，按照消防安全的有关要求，提出消防报警系统和消防设施设备配置方案。

7. 投资估算及融资方案

7.1 投资估算

按照有关估算定额，估算项目的投资总额。

7.2 融资方案

分析可供选择的资金渠道以及资本金方案，优化并推荐项目的融资方案。

8. 财务评价与经济社会影响分析

8.1 财务评价

根据预测的作业量、服务价格，以及所确定的建设方案、投资估算和融资方案，测算计算期项目的运营收入，估算项目的成本费用。按照国家对投资项目财务评价的有关要求，编制财务评价报表，计算财务评价指标，并进行盈利能力、偿债能力以及敏感性分析。

8.2 经济社会影响分析

结合拟建项目的特点，采用定量与定性相结合的方法，从税收、社会就业、投资环境、城市交通影响、物流发展（对货运站）、区域之间经济联系等方面，对项目给当地和相关地区带来的经济社会影响进行分析。

9. 风 险 分 析

9.1 风险评估

识别和分析项目在建设和运营过程中潜在的风险因素（运输市场风险、工程建设风险、融资风险、经营风险等），并对风险程度进行分析和评估。

按风险因素对公路运输站场投资项目影响程度和风险发生的可能性，各种风险因素可分为一般风险、较大风险、严重风险、灾难性风险四个等级。

9.2 风险防范对策

针对不同的风险因素和风险程度，提出相应的风险规避和防范措施。

10．问题与建议

围绕项目建设尚需落实的有关事宜，以及下一阶段应注意防范或解决的问题等提出建议。

六、主要图表

（一）主要插图

1．地理位置示意图

地理位置示意图应清楚地标示出拟建项目所在的位置，城市主要干道、主要进出口道路，有关的港口码头、铁路站场以及相关的公路运输站场等。图幅的大小根据项目所在地的规模、范围，选取合适的比例尺确定。

2．站址地形图

站址地形图应能清楚地反映项目所在位置的地形地貌，并标示出项目用地范围。

3．生产流程图

生产流程图应能清楚地反映出站场的生产和作业程序。客运站生产流程图应能反映出旅客、车辆和行包在站内的组织作业过程；货运站应能反映出货物和车辆在站内的组织作业过程。

4．总平面布置图

总平面布置图应清楚地标示出项目各作业区、进出口、站内道路和外部道路的位置分布；应用不同的颜色或线条标明人、车、货和作业机具的流向。

5．工艺流程图

工艺流程图应对站内主要的作业区域（集装箱堆场、大型仓库、货物堆存装卸场及简易加工区等），分别标示出完成该项作业所采用的作业方式（或方法）。

（二）主要表格

1．项目所在地经济社会发展状况表

列出历年来与拟建项目有关的经济社会主要指标（如国内生产总值、进出口贸易、人口等）的统计值及年平均增长速度，数据年限原则上应不少于10年。

2．项目所在地公路客（货）运量发展状况表

客运站应列出项目所在地公路客运量及现有客运站站内旅客发送量的历年发展值；货运站应列出项目所在地公路货运量。数据年限原则上应不少于10年。

3．道路客（货）运站现状表

客运站应反映出与拟建项目相关的客运站的建设规模、设计生产能力、实际旅客发送量等；货运站应列出与拟建项目相关的货运站的建设规模、设计生产能力、实际货物吞吐量等。

4．经济社会主要指标预测表

列出项目计算期内各特征年经济社会主要指标的预测值及各时期的增长速度。

5．作业量预测表

分项列出计算期内各特征年项目作业量的预测值。

6．主要设施工程量表

汇总列出项目所需要的主要建筑物、构筑物、配套设施的工程量。

7．主要设备配置表

列出项目所需主要设备（如运输车辆、装卸设备、搬运设备、分拣设备、升降设备、传送设

备、通信设备、监控设备、办公设备、检测设备等)的规格型号和数量。

8. 投资估算表

分项并汇总列出项目建设所需各类资金。

9. 财务现金流量表

10. 损益表

11. 借款还本付息表

12. 资金来源与运用表

13. 总成本费用估算表

14. 风险分析表

七、其他附件

有关合同、协议、意向书、承诺函、政府批件及会议纪要等(附于报告之后)。

附录三　国道主干线规划示意图

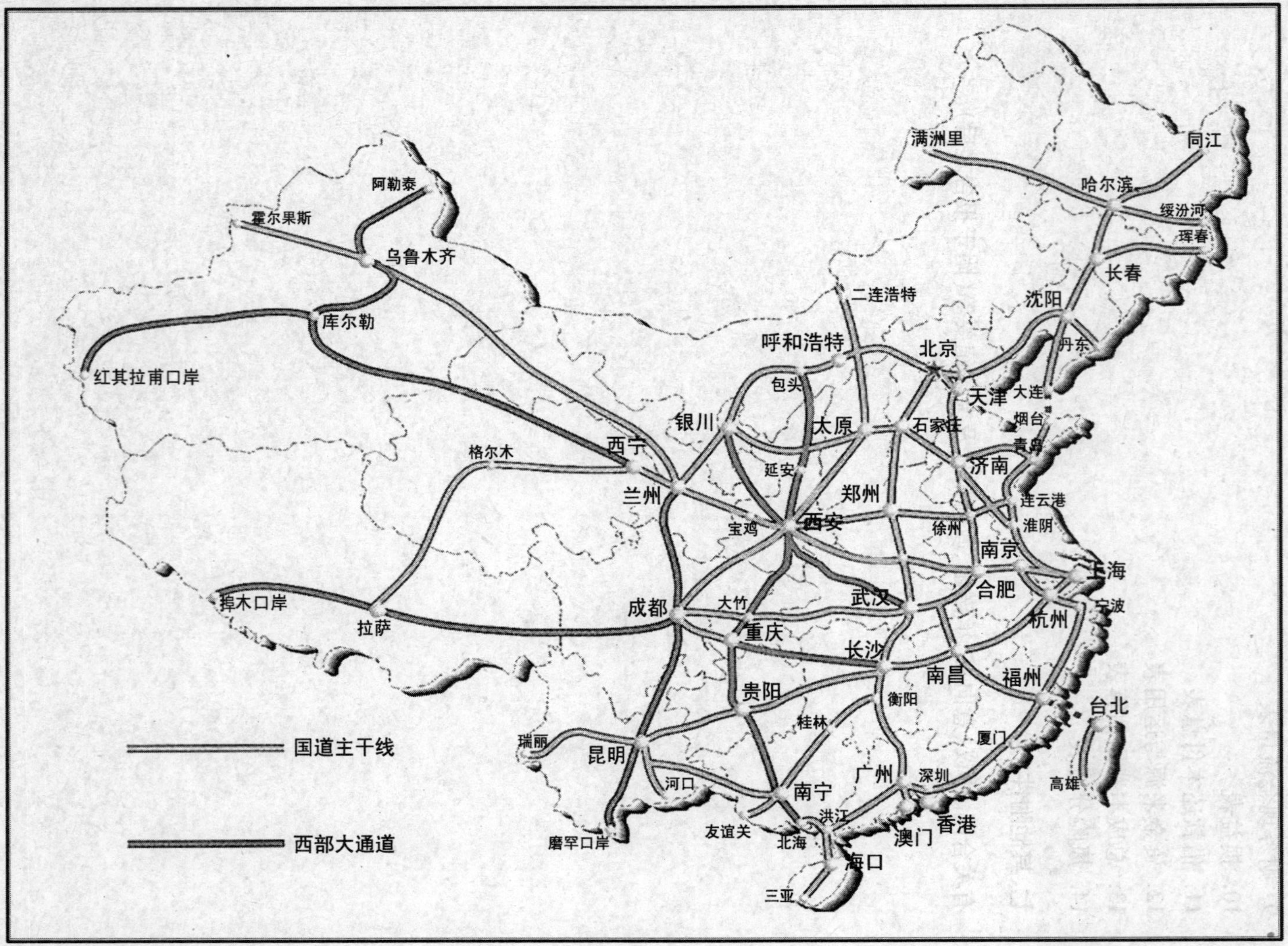

附录四　全国公路主枢纽布局示意图

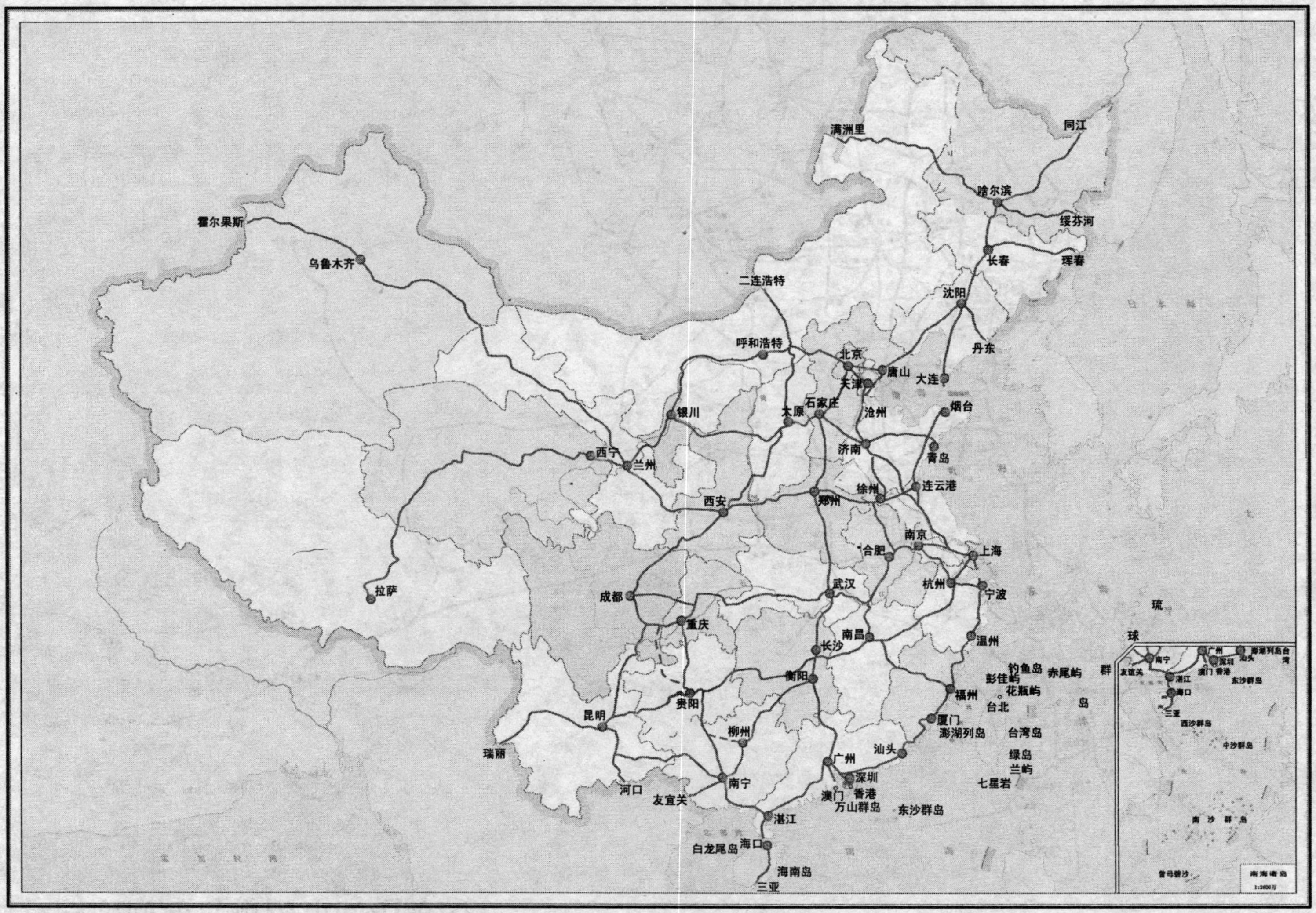

附录五　国家高速公路网布局示意图

附录六　国家公路运输枢纽布局示意图

参考文献

[1] 长安大学.公路技术词典[M].北京:人民交通出版社,2006.

[2] 吴秉坚.模糊数学及其经济分析[M].北京:中国标准出版社,1994.

[3] 邓聚龙.灰色控制系统[M].湖北:华中理工大学出版社,1999.

[4] 杨兆升.交通运输系统规划[M].北京:人民交通出版社,1997.

[5] 高惠璇.应用多元统计分析[M].北京:北京大学出版社,2005.

[6] Andreas Klose, Andreas Drexl. Facility location models for distribution system design. European Joumal of Operational Research 162(2005)4—29.

[7] 李云清.物流系统规划[M].上海:同济大学出版社,2004.

[8] 刘占山.公路运输枢纽规划建设发展概述[J].交通世界专刊　交通战略与规划,2006.1.

[9] 胡大伟,朱志强,杨新征.公路枢纽层次划分及规划理论问题的再认识[J].交通世界专刊　交通战略与规划,2006.1.

[10] 奚宽武,高建华,石良清.国外公路客货运输枢纽发展的经验与启示[J].交通世界专刊　交通战略与规划,2006.1.

[11] 刑文训,谢金星.现代优化计算方法[M].北京:清华大学出版社,1999.

[12] 彭祖赠,孙韫玉.模糊(fuzzy)数学及其应用[M].湖北:武汉大学出版社,2004.

[13] 交通部公路科学研究院.国家公路运输枢纽理论研究.2007.5.

[14] 交通部公路科学研究院.国家公路运输枢纽投资模式研究.2007.5.

[15] 阿尔丁夫.技术经济学[M].北京:中国物资出版社,1993.

[16] 王五英,于守法,张汉亚.投资项目社会评价方法[M].北京:经济管理出版社,1993.

[17] 余锦华,杨维权.多元统计分析与应用[M].广东:中山大学出版社,2005.

[18] 袁志发,周静芋.多元统计分析[M].北京:科学出版社,2002.

[19] 冯文权.经济预测与决策技术[M].湖北:武汉大学出版社,1994.

[20] 陈唐民.汽车运输学[M].北京:人民交通出版社,1996.

[21] 李纪治,李晓凤,马江洪.抽样调查理论与技术应用[M].北京:人民交通出版社,1997.

[22] 中华人民共和国交通部.公路主枢纽总体布局规划编制办法.1995.12.

[23] 中华人民共和国交通部.公路运输枢纽总体规划编制办法.2007.7.